# ハウジングファースト

# Housing First

## 住まいからはじまる支援の可能性

稲葉 剛
小川芳範
森川すいめい 編

山吹書店

# ハウジングファースト

## 住まいからはじまる支援の可能性

目次

はじめに

## 「ハウジングファースト」という試みが始まっている　*11*

森川すいめい



第１章

## ハウジングファースト型の<br>ホームレス支援のエビデンスとその実践　*20*

熊倉陽介・森川すいめい

第４章

## 貧困ビジネス施設の実態　*88*

吉田 涼



第５章

## 「自分の部屋が欲しい」
## ―かなえてあげられなかったあなたへ　*101*

小林美穂子

第６章

## ハウジングファーストの人間観と支援アプローチ　*115*

小川芳範



第７章

## ホームレス状態にある人に対する居住支援の現状と課題　*127*

### 〜つくろいハウスの実践をとおして〜

大澤優真

第8章

## 日本の精神科医療とハウジングファースト　*145*

渡邊 乾



第9章

## ハウジングファーストと障害者自立生活運動　*170*

高橋慎一

◉カバー・第 1 章・第 2 章イラスト　淺野覚文

本書は、「賃金と社会保障」（賃社編集室・発行）の 2016 年 12 月～ 2018 年 1 月の連載「ハウジングファースト」の原稿を加筆修正し、一部、新原稿を加えて再構成したものです。

# 「ハウジングファースト」という試みが始まっている

森川すいめい

住まいを失った状態（ホームレス状態）にある人たちは、日本に30万人以上いると推計される。その原因はさまざまである。

最近、米国で開発され、世界のいくつかの場所で実践され、成果をあげている取り組みの一つ「ハウジングファースト」が注目されてきている。

ハウジングファーストのサービス利用対象者は、ホームレス状態にある人のうち、その状態から脱することが難しい状態にある人たち（「慢性的なホームレス状態」と定義される）としている。そして、慢性的ホームレス状態にある人たちのうちの90%が、「ハウジングファースト」型支援サービスを利用することで、ホームレス状態から脱することができている。

この取り組みは、日本でも少しずつ実践が始まっている。

本書は、日本においてハウジングファーストの実践を試みることを目標に執筆された最初の本である。米国を中心とした実践例と理念、その調査結果、日本の住まいやホームレス状態にある人たちの現状、日本での実践例について、それぞれの現場で活動する専門家たちによって書かれている。

## 1 「ホームレス」とはだれか…正しく把握できていないから支援するしくみがない

最近、東京都某区において、住まいを失った人の半数が、生活保護を利用申請しても1か月以内に失踪している現実が明らかになった。それだけでなく、生活保護が必要な状態にもかかわらず、その80%近くの人たちが、そもそも生活保護の申請、または生活保護サービスの利用ができていない。生活保護は、生活が困窮する多くの人たちのニーズを満たしていると言えない。

ところで、「ホームレス」とは誰のことだろうか。世界の一般的な「ホームレス」に関する定義は、安定した住まいを失った状態をいう。

日本のホームレス状態にある人の数は、年々減っているとされている。厚生労働省が発表した最新の、日中に数えるホームレス状態にある人の数は、5534人（2017年1月）だった。実際は、日中と深夜とでは目に見える人数が3倍違うという調査もあり、実人数はこの2倍以上と考えられている。それでも欧米諸国に比べると、「ホームレス」の人数は極端に少ない。この理由は、日本の「ホームレス」の定義が一般的な定義と異なるからである。

日本の場合は、「ホームレス」を、「路上生活者」のみとしている。住まいを失ったからといって誰もが路上生活者になるわけではない。多くの人は、友人宅や親戚の家、シェルターや宿泊所で生活し、人によってはマンガ喫茶・ネットカフェなどで生活している。

また、精神科病院に長期に入院していて住む家がない人、刑務所にいて住む家がない人なども、国によって多少の定義は異なるが、世界の一般的にはホームレス状態にあるとする。

このように考えると、日本では、ホームレス状態にある人は少なくとも30万人以上いると算出されるが、「ホームレス」の日本の定義が世界の一般的なそれと異なるため、国はその数を正しく算出することができていない。正しい把握ができていないから、住まいを失った状態の人への支援の仕組みがない。どうして住まいを失ったのか、どういった支援が必要なのかも把握できていない。

では、世界的にみると、「ホームレス」状態にある人たちは、どういった人が多いとされているのだろうか。各国でのさまざまな調査によると、失業して住まいを失った人だけではなく、幼少期から貧困にあった人、暴力から逃げざるをえなかった人、薬物依存症者、精神疾患を有していて支援を得られなかった人などさまざまである。

それでは、各国の「ホームレス」に関する支援はどうなっているのだろうか。

実のところ、1980年代までは、どの国でも効果的な支援は十分にはなかった。一般的な支援のコンセプトは、住まいを失った人を「生活能力の弱い立場の人」と考え、施設に入れっぱなしにするか、彼ら彼女らを少しずつステップアップさせるような訓練を行うというものばかりだった。精神疾患をもつ人も少なくなかったから、まずは入院をさせたり、まずは治療を受けさせたりして、そういったもろもろの条件をクリアした人たちが、支援者の許可を得た上で住まいを得る形だった。

この形は、いまだに世界的にも一般的な支援方法であり、日本ではこの形の支援がほとんどである。

しかし、こうした支援の結果、ホームレス状態から脱して住まいを得られる人は少なかった。支援を受ける途中で、その支援システムからドロップアウトし、再びホームレス状態に戻った人が多くいたのである。

ドロップアウトする人たちは、心身が健康で、生活の支援がほとんどいらない人たちではなかった。何らかの精神や知的障がいをもち、十分な支援が必要で、既存のステップアップ型の支援ではホームレス状態から脱することができない人たちであった。

こうしたなかで、1990年代にアメリカで生まれた「ハウジングファースト」という試みが注目されることになった。

## 2　ニーズを聴き取った。そして無条件に住まいを獲得できるようにした

ハウジングファーストが生まれるまでのアメリカでも、障がいをもったホームレス状態にある人は、長期にホームレス状態にあることがわかっていた。

ある日、サム・ツェンベリス（Sam Tsemberis。以下、サム）という精神科病院に勤めていた人が、病院から退院した人が路上生活をしていることに気づき、愕然としたという。

そこで、サム氏は、彼ら彼女らのニーズを聴くことにした。当初、彼は、治療を受けることが大事だと思っていたというが、治療だけでは解決にはな

らないのではないかと疑問に思いはじめた。

サム氏は、彼ら彼女らに「どうしたい？」と、ニーズを聴きはじめた。

その問いへの答は、とてもシンプルだったという。

「アパートに住みたい」。

従来の、障がいをもつ人への支援は、「トリートメント・ファースト（治療優先）」だった。しかし、その支援方法では、長期あるいは幾度もホームレス状態にある障がいをもつ人たちの多くは、再びホームレス状態に戻っていった。

「彼ら彼女らはホームレス状態が好きなのだ」という、事情を知らない人たちからの声も多くあった。そうした多くの意見は、実のところ本人たちの声を聴いていない結果だったと、だんだんわかっていくことになる。

サム氏は、ニーズを直接聴くことによって、それまでは本人たちのニーズを聴いていなかったと気づいていった。治療優先、生活訓練優先と考えてしまうことは、支援側の善意の押し付けではないのかと。

サム氏らは、支援を提供するときに治療を受けることを条件にするのをやめ、無条件に安定した住まいを提供する支援を開始した。何かの条件をのまなければ住まいを得られないということがなくなった。「安定した住まいを得たいか否か」、問いはそれだけである。得たいならば、住まいを支援する。そして、アパートに住んだならば、必要に応じて、本人のニーズと本人の同意にもとづいた支援を開始した。

支援と住まいは完全に分けられた。支援がなくても住まうことができ、住まいを失っても支援を利用することができる仕組みが開発された。

この結果、サム氏らにとっても驚くべき成果が生まれた。これまでホームレス状態から脱することができないと思われていた、まして、アパートで一人で暮らすなど考えられないと思われていた、障がいをもった長期あるいは幾度もホームレス状態にあった人たちのうち、90％近くの人が、ホームレス状態から脱することができたという結果を得たのである。

支援と同時に行った研究の成果は、またたくまに注目され、アメリカで大きな支持を得ていった。今では、ハウジングファースト型の支援でなければ行政からの助成金が下りないこともあるほどだ。そして、この取り組みは他国でも注目され、いくつかの国で実践されている。

ハウジングファースト型の支援の形は、ホームレス状態にあった人たちのニーズにしっかりと合致したのである。

### 3　ニーズは「ホームレス状態に戻らないこと」

ここで、アメリカにおいて、ホームレス状態の人を支援するある施設で行われたニーズ調査を紹介したい。

その施設は、ホームレス状態にある人たちに対し、一定期間、衣食住を提供する非営利組織だった。十分な食事、衣類、シェルターを提供していたのだが、多くのホームレス状態の人は、支援を受けられる期間が過ぎると再びホームレス状態に戻っていった。スタッフらは、「彼ら彼女らはホームレス状態から脱したくないのではないか」と思うようになっていた。

そこでニーズ調査が行われた。調査からわかったのは、ほとんどの人がホームレス状態から脱したいという思いをもっていることだった。調査からは、本人たちのニーズとスタッフたちの支援が合致していないとわかった。

彼ら彼女らの本当のニーズは、衣食住ではなかった。ホームレス状態から脱する力だった。与えられる衣食住は一時しのぎにすぎず、そのような支援を受けても、再びその支援がなくなればホームレス状態になるとわかっていた。その状態から仕事を探してもうまくいかない。なぜなら、彼ら彼女らの多くは、ホームレス状態になる前は、自分の住まいをもって生活をしていたからである。たくさんのことを頑張り、ホームレス状態にならないように努力をした。その過程で、人に裏切られたり助けてもらえなかったりした経験をへてホームレス状態になった。

こうした体験が重なっていたので、単に衣食住を提供されただけでは、恒久的にホームレス状態から脱することができるようになるとは思えなかったのである。もし、ホームレス状態から脱したとしても、再びホームレス状態になるだろう。再びホームレス状態になるその過程はとても苦しいものであるだろうから、それならば、今のホームレス状態のままで耐えていたほうがましだと。

どうしたらホームレス状態から脱することができるかが、わからなかった。

必要だったのは、恒久的にホームレス状態にならない保証であり、その力だった。

このニーズがわかってから、その施設では支援の期限をとっぱらった。ホームレス状態から脱することができるとわかるまで施設に住みつづけてよいとした。同時に、就労プログラムなどさまざまなプログラムを、一人ひとりのニーズに合わせてつくって、本人の力をつける支援をしたのである。結果的に、ホームレス状態から脱する人の数は飛躍的に増加した。

この支援スタイルは、ハウジングファーストとは異なるが、従来の支援よりもずっと効果があった。一人ひとりのニーズを大事にした支援だったからである。

そして、いくつかの調査によって明らかになったことは、長期にホームレス状態にあった人たち（多くの人は何らかの障がいをもっていた）のニーズに最も合致した方法は、ハウジングファーストだったということである。

## 4　必要な支援を本人が決められるように支援する

ハウジングファーストは、治療を受けることを条件としない。住まいを得たいかどうかだけが問われる。そして、得た場合に、どういった支援が必要かについて本人が決めるのを支援する。

治療を受けることを条件としないのは徹底している。たとえば、薬物依存症で違法薬物をやめられない状態だったとしても、住まいを得たいと言ったならば、無条件で住まいを提供する（福祉制度を使うので、家賃の上限といった一般的な条件は当然ある）。

私が2012年にアメリカを訪れた時に出会った、ホームレス状態にあった、ある女性がいた。苦しいことがあって、違法薬物に手を出してしまい依存症となった。家族は崩壊し、その女性は「ホームレス」になった。

違法薬物をやめなければ支援は受けられない。住まいも得られない。そういった状況が長く続いた。あまりにもつらいことがあって手を出してしまった違法薬物。それが原因で、さらに苦しい思いをすることになった。強い依存性がある。この状況になったときに、だれが、どうやって、違法薬物をやめることができるだろうか。彼女には、違法薬物をやめるための未来の希望も、こころの体力もほとんどなくなっていた。

従来の支援スタイルは、まずは薬物をやめるための治療を受けること、やめられたら住まいを得られるといったものだった。しかし、彼女には希望がなかった。

そんな彼女のそばに、ハウジングファースト型の支援をする支援者がやってきた。支援者は彼女に、とてもシンプルに質問をした。

「住まいを得たい？　得たくない？」。

悲しみと絶望にあった女性は、自分自身をも否定していた。自分にはそんな資格がないとも思っていたから、その質問に驚いた。

私が、その女性を紹介してもらったのは、すでに住まいを得て生活を始めていたときだった。ハウジングファーストのスタッフが、彼女の家を訪問するのに同行した。

「今日は、うちのデイケアで映画鑑賞会があるんだ。彼女を誘ってみようと思う。彼女、映画好きなんだよ」。スタッフが私にそう言って、アパートのインターホンを押すと、少しふっくらとした小柄な女性が出てきて、たどたどしくことばを発しながら私たちを奥まで迎え入れてくれた。そこには、子どもたちがいて、夫もいた。

「住まいを得て、家族が戻ってきたんだ」とスタッフは言った。

映画鑑賞会に誘うと、彼女は「行かないわ」と言った。「家にはテレビがあり、夫がいて、子どももいる。映画は家で見たいの」と、とてもうれしそうに言った。

違法薬物は、確かに使ってはならない。しかし、使わざるを得なかった苦しい状況があったことを軽視してはいけない。圧倒的マーケティング力のある、心の闇に入り込む強い裏社会の力によって、違法薬物を使わされてしまったのかもしれない。その闇のなかに捕らわれた人を、さらに追いつめても意味がない。彼女は、もう一度やりなおすきっかけを得た。二度とドラックはやらないと思う。

## 5　日本でのニーズを明らかにした実践を！

ハウジングファーストが、アメリカで生まれ、今、世界のさまざまな場所でひろがってきている。日本ではまだ小さく始まったばかりだが、各国で注目されるこの方法は、日本にいる30万人以上のホームレス状態の人たちの希望になる。

しかし、この道は簡単なことではない。90%近くの人が成功する支援であるが、10%の人はうまくいかなかった。もちろん、これまでホームレス状態から脱することができなかった人たちが対象であるから、多くの人が成功したと言えるのだが。

しかし、住まいを得たあとで住まいを失った10%の人たちは、よりひどく傷つき自信を失うかもしれないし、住まいを得るということは、大家や近隣に住む人たちは、より迷惑だと思う被害を受けることになるかもしれないのだ。

ハウジングファーストを実践するためには、これらのことも覚悟しなければならないし、準備しなければならない。住まいを得ることは人権であるし、正義の面でも正しいことだが、単に正義だけを押し付けるわけにはいかない。

幸いなことにアメリカでも、なにもかもがうまくいったわけではないという経験が蓄積されている。30年以上かけて、トライアル・アンド・エラーが繰り返されて洗練されてきている。たとえば、住まいを得た最初の3か月はとても不安定だから重厚な支援が必要だといった経験や、薬物依存症の人たちが薬物をやめていくために必要な支援は「ハームリダクション」と呼ばれるものだということなどである。

また、ホームレス状態にある人を支援するときに必要なコストは、病院への救急受診やシェルターの運営などのコストを含むが、それらのトータルコストはハウジングファーストでの支援によってかなり低くなるといった調査結果もいくつか出ている。

ハウジングファーストは、より安全に、より低いコストで支援の実現ができることが明らかになっている。そのコンセプトと安全性の工夫や経験値を日本にも輸入すればいい。ただし、ただ輸入するだけではうまくいかない。国の制度や住まいの事情が異なるからである。われわれがすべきことは、ハウジングファーストのコンセプトを大切にし、そのフィデリティ（ハウジングファーストモデルへの忠実度）（注1）にもとづきつつ、日本でのニーズを明らかにしながら実践していくということである。

最後に、アメリカのハウジングファーストを生み出した機関パスウェイズ・トゥ・ハウジング（Pathways to Housing）の、アマンダ・ハリス氏のことばを引用してこの文を終えたい。

「20回失敗してわかることがある。リスクを選ぶ権利を支援者が奪ってはならない」。

ハウジングファーストは、単なる住まい支援の取り組みではない。人生の歩みをともに支えるものである。

**注**

1　フィデリティとは「効果が実証されているハウジングファーストモデルへの忠実度」というような意味である。38の項目があり、これを元につくられたフィデリティ・スケール（尺度表）では、それぞれの項目について4段階評価で忠実度を評価している。たとえば、第1項目は「住まいの選択について」で、「選択権なし」は1点、「場所・住まい・家具他、利用者に多くの選択肢がある」は4点。第6項目は「プライバシーについて」で、「寝室も含め他の住人とシェア」が1点、「他の住人とシェアはなし」が4点。平均点は4点に近づくことが求められる。

フィデリティについては、第2章第3節（とくに3-2）を参照されたい。

第1章

# ハウジングファースト型のホームレス支援のエビデンスとその実践

熊倉陽介・森川すいめい

## 1　はじめに

本稿では、ホームレス状態にある人がかかえる心身の健康格差や、背景にかかえる生きづらさについて概観することから始め、重い精神疾患や依存症をかかえる人など潜在的な支援ニーズが本当は高い人たちほどホームレス状態を脱しにくい、日本の既存のホームレス支援の構造における課題を提起する。現状に対する打開策として有効性が期待されるハウジングファースト（housing first：HF）型のホームレス支援について、そのエビデンスと日本における実践例を交えて概説する。入院中心からコミュニティ中心への精神保健サービスの移行、依存症をはじめとした多様な困難をもつ人の地域生活支援、健康格差対策、ホームレス支援などのさまざまな社会問題が交差する点としてハウジングファーストを定位した上で、その日本における今後の展開について論考する。

## 2　ホームレス状態にある人たちの現状

### 2-1　ホームレス状態にある人がかかえる心身の健康格差

ホームレス状態にある人は一般人口よりも平均寿命が短く、さまざまな身体疾患の罹患率が高いという健康格差が存在している。それぞれの国や地域によって状況は異なるものの、結核・C 型肝炎・HIV などの感染症、心血管系疾患、自殺や他殺、不慮の事故、高い喫煙率、アルコールや薬物の依存症などによって健康をおびやかされていることが、先進国のホームレス状態の人を対象とした調査で報告されている（＊1）。路上生活に伴う低栄養や不衛生、落ち着いて長時間眠りにつくことができないこと等が健康に与える悪影響に加えて、日雇いの過酷な肉体労働や長時間のアルミ缶集めなどによって膝や腰を痛め、体力的な限界を迎えるまで医療や支援につながらない人もいる。救急医療を利用する割合は多いとされる一方で、継続的な医療へのアクセスは非常に困難であり、なんらかの疾患をかかえながらも治療を受けていない人が多い。医療などの支援につながらないまま路上で亡くなる人もまた少なくない。

長期に路上生活を続けている人のなかには、精神疾患や依存症をもつ人が多いことも知られている。ファゼル（Fazel）らの 2008 年の文献レビューによれば、ホームレス状態にある人の精神病性障害の有病率は 2.8 ～ 42.3%、大うつ病性障害の有病率は 0.0 ～ 40.9%、アルコール依存症の有病率は 8.5 ～ 58.1%、薬物依存症の有病率は 4.7 ～ 54.2%であった。依存症や精神病性障害の有病率が一般人口よりも高く、軽症よりも重症の精神疾患の有病率が高いことが示唆されている（＊2）。日本においても、2008 年 12 月 30 日から 2009 年 1 月 4 日にかけて池袋駅周辺で路上生活の状態にあった 80 名を対象に調査を行ったところ、50 人（62.5%）がなんらかの精神疾患をもち、その内訳は 33 人（41.3%）がうつ病、12 人（15%）がアルコール依存症、12 人（15%）が精神病性障害であった（＊3）。幻聴や被害妄想などの精神病症状と思われる体験のなかで、何かから逃げるように路上生活を続けている人も少なくない。ギャンブル依存や金銭管理の困難から、生活保護を利用してもすぐに暮らしが破綻して路上生活へと戻ってしまう人もいる。

ホームレス状態であること以外にも、貧困、虐待、薬物依存、スティグマと差別、社会参加からの排除、教育や雇用機会の不足、過剰労働、保健医療および社会サービスへのアクセス制限などの健康の社会的決定要因（social determinants of health）が、人々の身体的・精神的健康と密接に関わっている。社会的・経済的状況や生活環境を考慮し、有効な健康格差対策を行うことがより一層求められてきている。

たとえば、ホームレス状態であることによって継続的な医療へのアクセスが困難になり、高血圧や脂質異常症をはじめとした心血管系疾患発症のリスク因子が未治療のまま重なりやすく、その結果として心筋梗塞や脳梗塞等を発症しやすくなる。このように、さまざまな疾病のリスク因子を多くもちやすい集団、すなわち疾病発症の「原因の原因（causes of causes)」である健康の社会的決定要因をもつ集団に対して特化した重点的な支援を行うことは、「脆弱性をもつ集団に特化したポピュレーション・アプローチ（vulnerable population approach)」と呼ばれ、格差を解消しながら人々に健康を届けるための健康格差対策の代表的な方策の一つである（＊4)。この際に必要な支援は、単なる薬剤処方や生活指導にとどまらない。医療のなかで社会的処方（social prescribing）という考え方が広まりつつあるように、安定した住まいの提供や他者とのつながり、さまざまな生活上の支援など、広く暮らしに関わることが求められる（＊5)。

### 2-2　多様化する背景と根底にある生きづらさ

2017（平成29）年1月に行われた、厚生労働省「ホームレスの実態に関する全国調査（概数調査)」では、確認されたホームレスの数は5534人（男性5168人、女性196人、性別不明170人）であり、前年と比べて701人減少したとされている（＊6)。しかし、目に見える路上生活者に限らず、欧米諸国と同様に「安定した住まいを失った人」という広義のホームレスの定義を適用すれば、日本には相当な数のホームレス状態の人が存在すると思われる。いわゆる「ネットカフェ難民」や知人宅に住む人、無料低額宿泊所の利用者、精神科病院に長期入院している人、病院や刑務所から退院・退所して行き場のない人なども広義のホームレス状態にあると言える。高齢化と格差の拡大を反映し、低年金の高齢者、介護離職して家を失った高齢の親子、非正規の仕事を失った人など、ホームレス支援の対象者の背景は多様化してきている。

長期に路上生活を続けている人たちは、精神疾患や依存症をもつこと以外にも、社会から疎外された体験の積み重ねなどから対人関係に苦手意識をかかえていることが多い。既存の支援につながりにくい人のなかには、集団生活における失敗体験や、生活保護を利用することに対するうしろめたさを語る人もいる。

「ネットカフェ難民」をはじめとして、路上生活には至らないまでも安定した住まいを失い、自立支援センターや生活保護へとつながる人たちのなかにも、精神疾患や依存症の確定診断はつかずとも、心理的なサポートを必要とする人は多い。虐待をはじめとした小児期逆境体験（adverse childhood experiences：ACEs)、対人関係のなかでの失敗体験や社会からの疎外感、親が外国籍などさまざまな理由によって生じる言語の壁など、複合的な要因が重なり合い、他者に対して援助希求（help seeking）することができないままにホームレス状態に至った人たちである。

ACEsは、心理的・身体的・性的虐待とネグレクト、家族の投獄、精神疾患、薬物乱用、家庭内暴力、離婚や別居による親の不在などの家族の機能不全を含み、成人期の健康にさまざまな有害な影響を及ぼすとされている（＊7)。ACEsを背景としたトラウマ（心的外傷）の影響から感情や衝動の制御が困難となり、安定した人間関係を築くことが難しいなかでホームレス状態へと至る人に、支援の現場ではしばしば出会う。住み込みで就職するものの、「(考えてみれば父親と同じような）高圧的な上司に怒鳴られた途端に逃げ出した」、「いつの間にか休みなく働かされており、文句も言えなかった」などの理由から、失職と同時に住まいごと失ってしまうことを繰り返してきた人もいる。その人が対人関係のなかで陥りやすい困難のパターンがあり、それはトラウマの記憶と分かち難く結びついている。呼び寄せられるかのように過去の外傷的な出来事と同じような状況に陥り、あたかも過去そのままのように体験するなかで不安や恐怖にこころと身体を乗っ取られ、フラッシュバックと共に闘争（fight）や逃走（flight)、あるいは凍結（freeze）し、人間関係の破綻に至り、仕事や住まいといった生活の基盤ごと失ってしまうことを繰り返している人も多い印象を受ける。そして、そうした生きづらさの背景にあるつらく悲しい過去の体験に関して、「今までに誰かに話したり相談したことは一度もない」という人もまた少なくない。

## 3　既存のホームレス支援の構造の限界

このように、精神疾患や小児期の逆境的体験をはじめとした多様で複合的な生きづらさを背景にかかえ、自己治療（セルフメディケーション）とも言えるアディクション（嗜癖）を時に併存しながら、社会からはじき出されるかのように孤立してホームレス状態に至っている人たちに対して、既存の施設入所を中心としたホームレス支援の仕組みでは限界があることが、支援の現場の実感からは明白である。集団生活をし、まずは治療を受け、就労支援を受けて、社会のなかで自立する準備が整ってからはじめてアパートで一人暮らしができる。そうした「ステップアップ方式」の支援では、その道のりの半ばでドロップアウトしてしまいやすい。対人関係に困難をかかえる人にとっては、寮生活を送ること自体への心理的な障壁が高く、すでに施設でうまくいかない経験をした結果として路上生活を続けている人も少なくない。就労が安定するまでの間に、狭い寮の部屋のなかや働きはじめたばかりの職場での人間関係におけるストレスから、飲酒問題や施設の職員とのトラブル、あるいは無断退所に至ってしまう人も多い。70 歳代や 80 歳代の高齢者をはじめ、精神症状が重いなど、すぐには就労自立を目指すことが難しいと思われる人もいるが、生活保護を利用することへの心理的抵抗や、「タコ部屋で嫌な想いをした」ことなどを理由に施設に入所せず、路上生活をしている人もいる。

長期的に路上生活を続けている人に、「もし一人で暮らせるアパートがあれば住みたいですか？」と問うと、「住みたい」と言うことが多い。簡単に失われることなく安心して住み続けることができる住まいと、本人が希望するならば必要に応じて提供される心理社会的なさまざまなサポートのいずれもがあったならば、安定した生活を取り戻すことができる人が多いように感じられる。しかしながら、日本のホームレス支援の仕組みでは、そのニーズにまだまだ十分には添えていないのが現状である。

## 4 ハウジングファースト

### 4-1 ハウジングファースト―ホームレス支援のパラダイムシフト

こうしたなかで、ホームレス支援の方策におけるパラダイムの転換が求められている。治療や就労支援を受けることや寮に入って集団生活を送ることを条件とせず、安定した住まいを得たいという希望があるならば住まいを得ることができる、「ハウジングファースト」型のホームレス支援へのシフトが必要不可欠であると、著者らは考えている。

ハウジングファーストは、「本人のニーズに応じて、安定した住まいの確保と支援を行う」という非常にシンプルな考え方である。精神疾患や依存症をもちながら、慢性的にホームレス状態にある人たちに対するアプローチとして1990年代にアメリカで始まったハウジングファースト方式のホームレス支援は、各種の調査でその有効性が示され、全米の各都市に広がった。現在では、カナダ、フランス、スウェーデン、スペイン、ポルトガル、オランダ、オーストラリア等の各国で採用されている。

ハウジングファーストでは、プライバシーが保てる住まいをもつことは人権であり、人は誰も、安全な住まいで暮らす権利があると考える。住まいは決して、精神科医療にかかることや断酒してしらふで過ごすことを条件として、その引き換えに提供されるものではない。アパートに住んで自分で管理できる空間の鍵をもつということは、その人の尊厳そのものである。

ハウジングファーストの根幹は、住まいと支援サービスの独立性にある。

医療をはじめとした支援サービスを利用することは本人の意思にもとづいており、住まいを得るための条件ではない。アパートで暮らすことができるか、金銭管理が可能か、継続的に病院に通うことができるか、そのような評価をくだすということからも距離を置く（non-judgement）。本人のニーズに沿って、まずは安定した住まいを提供する。その住まいは集団生活が求められる寮や、すぐに退去を求められるような不安定なものではなく、一人暮らしができるアパートである。精神保健サービスを利用しようと利用しなかろうと、中断しようとも、その住まいは失われることがない。たとえ一度築かれた支援者との関係性が破綻しようとも、アパートで暮らし続けることができる。安定した住まいをもち続けることは、基本的な人権だからである。

ハウジングファーストは、重い精神疾患や依存症をもつ人の地域生活を支えることを念頭に置いている。教育や就労支援、精神疾患や依存症など本人のかかえる課題に応じた地域精神保健サービスが、住まいの安定とは独立して提供される。つまり、たとえ一度得た住まいを失ったとしても、支援サービスを利用し続けることができる。ユーザーを中心としたアプローチであり、自己決定が尊重される。どのような支援サービスが必要か決めるのは、支援者ではなく本人である。慢性的なホームレス状態のなかで希望を失っていた状態から、安定した住まいを得ることで、こころと身体の回復が始まる。住まいを手に入れることや、支援者や隣人との継続的な関係性が構築されることから、本人が尊厳を取り戻し、自分なりの人生への希望の灯がともる。さまざまなサービスを利用することを選ぶことも可能になる。レジリアンス（回復力）に対する信頼と敬意をもち合わせた支援者が伴走することで、パーソナル・リカバリー（personal recovery）の物語がすすんでいく。

背景にはハームリダクション（harm reduction）の考え方がある。ハームリダクションとは、健康上好ましくない、あるいは自身に危険をもたらす行動習慣をもっている人が、そうした行動をただちにやめることができない場合に、その行動に伴う害や危険をできる限り少なくすることを目的としてとられる、公衆衛生上の実践や政策を意味する。ハウジングファーストでは、精神疾患や身体疾患の治療を受け、断酒し、就労ができるというような「あるべき状態」が押し付けられることはない。安定した住まいを得ることで、ホームレス状態が続くことから生じる身体やこころへの危害（ハーム）を低減するということを念頭に置いた、きわめてプラグマティックな方策である。精神疾患や依存症に対する支援につながらず、症状の改善が得られずとも、安定した住まいが提供されることによって身体的な負担が減る。物質依存は、アルコールや薬物などの物質をつかわなければやっていられないほどにつらい状況を、なんとかやり過ごすための本人なりの手段であると言える。それを否定してしまっては、信頼関係を築くことができない。アルコールや薬物などの使用そのものを非難せず、すなわち自分なりにやり過ごしながらなんとか生きているその人を決して責めず、一人の人間としての敬意をもった関わりを一貫して続けることにより、その人が何かに依存せずにはいられないほどの苦しみや生きづらさと出会うことができる可能性が生まれる。治療を受けることや回復することを上から押し付けることなく共感的に接する支援者や隣人との関わりが、安定した住まいを得ることによって増えていき、安心できる暮らしのなかで自然と回復への道がひらかれていく。

寮生活を送り、就労支援を受けて仕事を得てからアパートに移り住むというステップアップ方式の「自立支援」モデルのなかで次々とドロップアウトし、ホームレス状態に陥ることを繰り返している人や、重い精神疾患や依存症をかかえている人など、既存の支援構造から排除されてしまいやすい人たちにこそ、このようなハウジングファースト型のアプローチが有効である。

### 4-2　ハウジングファーストにおける地域精神保健サービス

ハウジングファースト型のホームレス支援は、アメリカのニューヨークにあるホームレス支援団体であるパスウェイズ・トゥ・ハウジング（Pathways to Housing）の中心人物であるサム・ツェンベリス（Sam Tsemberis）らによって牽引されてきた。パスウェイズ・トゥ・ハウジングのプログラム（The Pathways Housing First Program）の特徴は、重症の精神疾患や依存症をかかえる慢性的なホームレス（chronically homeless）の人たちを対象とし、住まいの提供に加えて、ACT や ICM といったコミュニティに根ざした多職種・

多分野横断の集中的な精神保健サービスが提供されることにある。

ACT（assertive community treatment）とは、重い精神障害をかかえた人が住み慣れた場所で安心して暮らしていけるように、さまざまな役割の専門家から構成されるチームが訪問を中心とした支援を提供するプログラムのことである。日本語では包括型地域生活支援プログラムとも呼ばれている。医師、看護師、作業療法士、心理士、ソーシャルワーカー、ピアスタッフ、依存症の専門家、住まいの支援の専門家などによって構成された多職種チームが訪問し、必要な保健・医療・福祉サービスを24時間体制で直接提供することにより、連続性をもって統合的なケアを行うことが可能になる。これによって、従来の通院や通所を念頭に置いた支援の選択肢しかない状況では入院することを余儀なくされていた重症の精神疾患をもつ人も、地域でその人らしく暮らすことが可能となる。ICM（intensive case management）は、ACTほど集中的で頻繁ではないものの、多職種チームで構成される地域精神保健チームがアウトリーチ型のサービスを提供する支援技法である。このようにハウジングファーストには、安定した住まいの提供に加えて、重い精神疾患や依存症をもつ人が、施設化されるのではなく、地域で暮らすことができるためのアウトリーチ型の包括的な精神保健サービスの提供が含まれる。

### 4-3　ハウジングファーストのエビデンス

ランダム化比較試験（randomized controlled trial：RCT）を含めた臨床研究が先進諸国で行われている。ここでは、ハウジングファースト型のホームレス支援の有効性が示された主な研究報告を、時系列に沿って概観する。

前述のニューヨークにおけるホームレス支援団体であるパスウェイズ・トゥ・ハウジングのサム・ツェンベリスらが、精力的な実践を行いながら、ハウジングファースト型の支援の有効性を段階的に示している。

1993年1月から1997年9月までにパスウェイズ・トゥ・ハウジングがハウジングファーストプログラムを提供した精神疾患をもつホームレス状態の人241名と、従来型のホームレス支援が提供された1600名を比較した研究が2000年に報告された（＊8）。ハウジングファーストプログラムを受けた

241名の平均年齢は41歳、そのうち男性が161名（67%）であった。アウトリーチチームが路上や気軽に立ち寄れる施設（drop-in center）、シェルターなどにいる対象者にアプローチし、彼らが直接入居できるアパートを自ら探して住まうことを支援した。従来型のステップアップ方式の支援では安定した住まいを得ることが難しい、あるいは望まない人が主な対象となった。パスウェイズ・トゥ・ハウジングのハウジングファーストプログラムは、ACTモデルでの訪問型精神保健サービスを基本としつつも、患者役割を強制することはできる限り控え、支援の内容や強度に関しての自己決定を重要視し、支援を拒否するという選択も可能としている。基本的なニーズに応え、生活の質（quality of life：QOL）や社会的役割（social role）の向上を促進し、就労機会を提供し、薬物乱用に対してはハームリダクション的なアプローチを行うなど、対象者の状況に応じた包括的な支援が行われた。プログラムは精神疾患をもつ人を対象としており、統合失調症をもつ人が125名（52%）、気分障害をもつ人が63名（26%）であった。140名（58%）が薬物乱用をしていた。

比較対照となった1600名は、同地域で従来どおりのステップアップ方式のホームレス支援を提供された人たちであり、平均年齢は41歳、そのうち男性が1165名（73%）、統合失調症をもつ人が606名（38%）、気分障害をもつ人が754名（47%）、薬物乱用が777名（49%）であった。従来型のモデルでは、精神疾患や依存症の治療が優先された。それがうまくいかない場合などには、シェルターをはじめとして管理的な支援が行われる住まいへと移行されており、ハウジングファースト型の支援モデルに比較して自己決定が尊重されていないという特徴があった。

ハウジングファーストプログラムでは5年後の住宅維持率（housing tenure）が88%であったのに対し、従来型のモデルでは47%であった。両群の対象者の属性（年齢、精神疾患や依存症の有無など）の違いをコントロールして解析した結果、ハウジングファーストプログラムは従来型モデルよりも高い住宅維持率に寄与していた。

この研究に引き続き、サム・ツェンベリスらは政府からの資金提供を受けてRCTを行っている。過去30日間のうち15日間を路上もしくは公共空間（シェルターを除く）で過ごし、過去6か月の間にホームレス状態の期間があり、統合失調症や双極性障害などの精神疾患（パーソナリティ障害や知的障害を除く）をもつ人を対象とし、1997年11月から1999年1月までに18歳から70歳までの計225名をリクルートした。ハウジングファーストプログラム群（99名）と従来型プログラム群（126名）にランダム化し、その後4年間にわたる追跡調査を行った。2年後に行われた解析では、ホームレスとして過ごした期間（proportion of time homeless）、精神科病院に入院していた期間（proportion of time hospitalized）、費用（cost）の各アウトカム（結果）について、ハウジングファーストプログラムのほうが有意に優れていた（＊9）。自己決定（consumer choice）と住まいの安定（residential stability）についても、従来型プログラムに比して有意に優れていた（＊10）。4年後に行われた解析において、物質依存に対する治療への参加率（participation in substance abuse treatment）は従来型プログラムのほうが有意に高かったが、アルコールや薬物の使用（use of alcohol and illegal drugs）には両群の間に有意な差を認めなかった（＊11）。

2000年1月からは、長期間シェルターに住んでいた人を対象とし、これまでのような市街地ではなく郊外におけるハウジングファースト型の支援の効果検証のためのRCTも開始された。この研究では、長年ハウジングファーストを行ってきたPathwaysと、新たにハウジングファーストを提供する支援団体であるConsortiumがそれぞれハウジングファーストプログラムを提供し、従来型の支援（treatment as usual）群との3群間での比較が行われている。4年間の追跡調査の結果、ハウジングファースト群はどちらも高い住宅維持率を示していたが、Pathways群では78.3%、Consortium群では57%と、同じハウジングファーストプログラムでもそれを提供する支援団体の間で住宅維持率に差が生じていた。この結果から、上述してきたようなハウジングファーストの理念を体現した支援を行うためには、支援者や支援団体にとっても大きな変革が求められるということが考察されている（＊12）。

住宅維持率の高さ、精神科入院期間の短さ、費用の安さ、QOL の向上などのアウトカムに関しての有効性を示した臨床研究をこのように積み重ねつつ、現在につながるハウジングファースト型ホームレス支援が形づくられてきた。治療を受けることを優先するのではなく、安定した住まいの確保を第一として、本人のニーズを中心とした支援を提供することにより、結果として良好な経過につながるという現場の実感とともにエビデンスが積み上げられてきた様子がうかがえる。

現在までに行われた世界最大規模の RCT は、カナダにおける At Home/ Chez Soi project である。モンクトン、モントリオール、トロント、ウィニペグ、バンクーバーの5つの都市において、精神疾患をもつホームレス状態の人 2148 名が、2009 年 10 月から 2011 年 8 月までの間にリクルートされた。対象者を高度の支援ニーズを有する群（ACT を提供）と、中等度の支援ニーズを有する群(ICM を提供)とに重症度で二分したあとに、ハウジングファースト型支援群と従来どおりの支援群とにランダム化した。2 年間の追跡調査において、5 つの都市いずれにおいても、高い住宅維持率が示された（＊13)。この 2148 名のなかで重度の精神疾患をもち、高度の支援ニーズを有する 950 名の重症群に関して、ACT を併用したハウジングファースト型支援（469 名）と従来どおりの支援（481 名）の比較をしたところ、2 年後の住宅維持率は 71%対 29%とハウジングファースト型支援が明らかに優れており、住まいを得るまでに要した時間や QOL、社会機能などのその他のアウトカムに関しても有効性が高いことが示された（＊14)。

こうしてアメリカで発展したハウジングファースト型のホームレス支援は、その有効性を発揮するための核となる理念や支援構造を実践のなかで洗練させながら、エビデンスを蓄積し、他の地域へと展開されるようになった。

### 4-4 国内におけるハウジングファーストの実践事例

以上のように、他の先進諸国においてエビデンスにもとづいて発展してきたハウジングファーストを、日本の社会保障の枠組みのなかで実効性のある形へと改変しながら社会実装していくことが、これからのホームレス支援やコミュニティ中心の精神保健サービスのあり方を構想する上で必須であると著者らは考えている。

「世界の医療団」、「TENOHASI」、「べてぶくろ」、「訪問看護ステーションKAZOC」、「つくろい東京ファンド」、「ゆうりんクリニック」、「ハビタット・フォー・ヒューマニティ・ジャパン」の7つの支援団体で構成される「ハウジングファースト東京プロジェクト」による、これまでの支援実践においても、9割以上の人がアパート生活を維持している。それらの支援事例を振り返ると、ハウジングファースト型でなければうまくいかなかった理由を3つに分けることができる。一つ目は、支援者がアパート生活はできないと思い込んでいたケース、二つ目は、実際にアパート生活を始めたあともアパート生活維持のためにたくさんの支援が必要だったケース、3つ目は、アルコールや薬物、ギャンブル等の依存症をかかえるケースである。

ハウジングファーストを国内において実践していくための参考例として、ハウジングファースト東京プロジェクトの取り組みのなかから3つの代表的な事例を以下に紹介し、ハウジングファーストの利点や、その実践のために必要となる工夫について考察する。なお、本稿で紹介する事例についてはすべて、著者らの経験にもとづいて抽象化した典型的な例として記載することで、本人が特定できないように個人情報保護への配慮を行っている。

①支援者がアパート生活はできないと思い込んでいたケース

50歳代の男性Aさんは、若いころに地方から東京に出てきて仕事をしていた。しかし、40歳代から仕事を失い、長期に路上生活状態になった。Aさんは人当たりがよいのだが、短気で、路上生活から脱して施設に入ってもすぐに施設から出てきてしまうことを繰り返していた。福祉事務所職員も、Aさんには早く路上生活から脱しなさいと何度も言うのだが、しだいにAさんは、「路上生活は快適だ」と笑って言うようになっていった。

そんなAさんに対し、支援者たちは決してあきらめることなく路上生活からの脱出のための支援を行った。精神科医が未診断の知的障害である可能性を指摘したことをきっかけとして、Aさんは知的障害の判定を受けて療育手帳を取得することになった。支援者は、Aさんが単にわがままで短気だから路上生活から脱することができないのだと思い込んでいたが、Aさんが他者とのコミュニケーションや困難に直面したときの対処方法に何らかの課題があって路上生活から脱することができないのだということに、次第に気づくようになった。支援団体と福祉事務所職員は、AさんのAさんなりの言葉に表現された希望に沿って、支援を開始した。

Aさんが「集団生活はだめだ」と言ったため、個室で生活できる宿泊所を一緒に探し、その場所での生活をまずは支えた。Aさんは当初は落ち着かず、路上に出てきてしまうこともあったが、すぐに部屋での生活に慣れていった。Aさんが部屋に住むことが嫌いなのではなく、他者とのコミュニケーションに課題があっただけだとわかったことから、Aさんはアパート生活を開始することとなった。Aさんはアパート生活開始後、窓の鍵の開け方やエアコンの使い方がわからずに、アパート生活が苦痛になってアパートを失いかけた。しかし、こうした本人にとっての大きな課題について一つひとつ支援が提供されることによって、Aさんは現在もアパート生活を維持している。

30歳代の男性Bさん、70歳代の男性Cさんも、というように思い浮かべると、何人もの人が、福祉事務所職員が一人暮らしは無理だからまずは施設に入るようにと指示をした結果、路上生活から脱することができずにいた。私たちがアパートを用意すると、すぐに路上生活から脱し、その後、大きな問題もなく生活を維持している。支援者が勝手にできないと決めつけたり、本人の可能性を狭めることを決してせず、本人の希望やニーズを中心とし、一人暮らしができるアパートと本人の具体的な困りごとに沿った支援を提供することが大切である。

②アパート生活維持のためにたくさんの支援が必要だったケース

40歳代の女性Dさんは、特別支援学校を卒業後いくつかの仕事に就いたが、続けることができなかった。女性専門の施設や、障害をもつ人のための施設に入っても、すぐにそこを出て、不特定多数の男性の家を転々としていた。こうした生活が数年続いた段階で、施設ではなく、最初からアパート生活を開始する機会を得ることができた。Dさんはお金がない状態だったため、通常の福祉事務所の提案する方針では、施設に入所する以外の選択肢がなかった。そこで、まずはアパートを無償で貸してくれる大家さんの力をかりて、その後、生活保護を申請するという形を実行した。法律上は、何の問題もなく生活保護を利用することができることになった。

とはいえ、最初は、この形について、福祉事務所内部では大きな反対が起こった。これまでの経緯からDさんがアパート生活をできるとは思えない、という反対だった。福祉事務所職員はDさんに、「まずはアパート生活ができるかどうか評価をさせてほしい。だから本当は、最初は施設生活をしてほしい。アパート生活は認められない」と言った。しかし、Dさんはすでにアパートを得た状態であったことから、職員の反対の有無にかかわらず、Dさんがアパート生活を望むのであれば続けることができた。Dさんは「施設は無理です」と何度も繰り返した。職員は、「それならばまずは精神科病院に入院して、そこでアパート生活の準備をしましょう」と提案した。精神科病院を経てでも、ステップアップさせながらアセスメントしなければならないという考えからだった。その説得があまりにも強かったため、Dさんはいったんはその提案を受け入れたが、直前になって入院を断った。Dさんのこれまでの経緯からすると、職員の心配は当然のことだった。Dさんがアパート生活を開始しても、またすぐに失踪してしまうのではないかと考えるのは当然のようにも思えた。Dさんにとっては、アパート生活をしたいという積極的な想いではなく、施設は嫌だ、外の生活は怖いから嫌だという、消去法による消極的な理由でのアパート生活希望だったこともあり、周囲はますます心配になっていた。そもそもDさんは、アパートでの一人暮らしをしたことがなかった。とはいえ、Dさんの積極的な拒否による消極的な選択からアパート生活は開始された。生活支援は精神科の訪問看護や民間のさまざまな支援者が関わることになった。Dさんは、アパート生活を開始してからも、さまざまなトラブルを引き起こしたり巻き込まれたりして、強い不安から来る失踪の危機を繰り返した。警察が介入することも何度もあった。しかしながら、Ｄさんは、こうしたトラブルに対して一つひとつ支援を受けることで、失踪の危機を何度も乗り越え、その危機は少しずつ小さくなっていった。Ｄさんは、これまでと同じように失踪してしまうということ以外の選択肢を支援者と一緒に経験し、それを信頼していったように思う。

Ｄさんのように、アパート生活を得たあとも、たくさんの支援が必要な人たちは少なからずいる。幻覚妄想といった精神症状が悪化したＥさんは、実際に警察の介入が必要な出来事が起こり、アパートを失った。同様な状態にあるＦさんは、孤立しないように支援が重厚になることで不安が軽減し、精神症状があってもアパート生活を維持している。いずれも、アパート生活を得たあとも支援が必要な人だった。安心して暮らせるアパートを得た上で、施設に入れられることや失踪してしまうこと以外の選択肢を提供する支援者との継続的な関わりのなかから、少しずつ信頼が生まれ、アパート生活を維持できるようになる人たちが少なからずいる。

③依存症をかかえるケース

アルコール、ギャンブル、薬物などの依存症は、その人の生活危機につながる。薬物使用で刑務所に入り、出所後にホームレス状態になった人、ギャンブルのために借金をしてしまい住まいを失った人、アルコール問題があって人間関係が破綻し孤立した人など、依存症をかかえる人たちは少なくはない。何度も生活保護を利用しては、生活が成り立たなくなって、その場から失踪してしまうことを繰り返す人たちも多くいる。このような状況の人たちが再び生活保護を申請した場合は、過去の行動からレッテルを貼られ、施設入所によって他者に管理される生活以外の選択肢を得られないことが多い。結果的に、施設から失踪して再びホームレス状態になることを繰り返す。それは、施設生活にも耐えられる人やその生活のほうがいいと思う人たちは、路上生活にはならないということでもある。長期にホームレス状態にある人は、すなわち既存の支援ではそこから脱出できない人たちであるといえる。

そのような人たちのなかでホームレス状態に至った理由を聞くと、集団生活だと「気になって眠れなくなる」、「ケンカになる」、「いじめられる」と話す人が多い。依存症をかかえると、周囲の支援者は依存症のことしか見なくなる傾向がある。しかし重要なことは、その人がなぜ依存症になったかにある。依存症支援において最も重要なことは、依存症になった理由やその人のかかえる苦悩が理解されるかどうかにある。

覚醒剤依存症のGさんは、刑務所を出所したあとに再び覚醒剤を使用して、お金をなくして路上生活になっていた。生活保護申請をして生活をやり直したいと思っていたが、福祉事務所に相談すると必ず薬物の話となり、集団生活を行うことが条件になっていた。Gさんは、感情の制御が苦手で、集団生活をするといつもケンカをしてしまい、結果的に施設から出されることも繰り返していたため、施設に入っても生活を維持することは無理だとあきらめていた。そのGさんは我々と出会い、生活保護申請のときには薬物使用の話はせずに、まずは短期間、個室で生活できる場所を利用して、そこで物件探しをしてすぐにアパート生活をするという計画を立てることになった。Gさんは、すぐにアパート生活に移行した。ハウジングファーストの基本的な考え方の一つは、住まいの支援が第一であるということであり、薬物をやめることや治療を受け続けるといったことは交換条件にはならない。Gさんにとっては、薬物をやめることがアパート生活を得る条件にならなかったのは初めてのことだった。Gさんは、「アパート生活をしたこともあるのだけれど、薬物を使って失踪して路上生活になった」と話してくれた。Gさん自身も、アパート生活が不安だった。我々は、Gさんがもしも薬物をやめていきたいならば、いくつかのプログラムを用意すると伝えた。Gさんは、「やめられるかわからないけれどもプログラムを受けたい」と言った。こうしてアパート生活が始まり、数か月したところでGさんからの連絡がなくなった。Gさんは薬物を再使用していた。Gさんには失踪しようという考えもよぎったが、このとき再び我々と連絡がついた。Gさんはアパート生活を維持するために薬物をやめる別の工夫を提案してきた。我々はGさんの計画を手伝うことにした。こうしてGさんは薬物使用をやめ、体調を整え、アパート生活を維持し、その上さまざまな支援を受けて就労することになった。

ハウジングファーストは、依存症に関して、ハームリダクションの理念にもとづいて支援を行うことを大切にしている。依存症に伴う害（ハーム）を減らせるための援助を行っていく考え方である。強制や教育、指導、管理といった考え方はそこにはない。情報は伝えるが強要はしない。その情報のなかで、本人がどうしたいかを選び、選ぶなかで手伝いが必要なことについて手伝う。

Hさんはアルコール問題をかかえていた。一時期アパート生活を得たが、アルコールによる人間関係のトラブルを起こして再び路上生活になった。そのHさんは我々のハウジングファースト支援を受けることになった。Hさんはしばらくして生活が安定した。時々連続飲酒になってしまうのだが、それがひどくならないように自分でコントロールし、何度か自力で断酒した。その理由をHさんは、「支援を受けると安心できる。自分がアルコールで失敗しても、怒らないで、どうしようかと一緒に考えてくれるから」と言った。

Iさんはギャンブル依存をかかえていた。アパート生活を得てからも、お金がなくなって周囲を脅してでもお金を借りようとしてしまう。我々はIさんに対して態度を変えずに接し続けた。Iさんは何度も失敗を繰り返しながら、少しずつ失敗する割合が減っていき、いつの間にか就職していた。「暇になると迷惑をかけることになるから」と言っていた。

依存症からの回復は簡単ではない。アパート生活を得たからといって、依存症がすぐによくなるわけではない。もしかしたら施設で完全に管理されたほうが幸せだと思う人もいるかもしれない。ハウジングファーストの肝心なところは、住まいが第一であることと、依存症を治すことや精神疾患の治療を受けることが住まいを得るための条件にはならないことである。そして住まいを得たあとは、本人が住まいを維持し続けたい限りは、維持するための援助を続けるということである。その過程は、本人を管理したり教育することではない。どうしたら生活を維持することができるかを本人が考えることを支えるという一貫した理念があるのみである。さらに、アパート生活を得たあとで再びアパートを失いホームレス状態になったとしても、本人が再度アパート生活をしたいと思うならば、ハウジングファーストの理念において何度でも寄り添うことになる。何度でも、である。

これまでの既存の支援ではうまくいかなかった前述のような人たちが、ハウジングファースト型の支援を受けることでアパート生活を維持しており、日本でもハウジングファーストの理念を取り入れた実践が効果を発揮すると考えられる。

### 5　ハウジングファーストから学ぶ

このように、ハウジングファーストは、重い精神疾患や依存症をかかえ、長期に路上生活を続けている人に対する有効性が検証され、先進諸国で広がってきている支援の方策である。日本においても既存のステップアップ方式の支援モデルに馴染まず、長期に路上生活を続けている人などを対象として、普及していくことが望まれる。

ハウジングファーストは、住まいと集中的な支援の両輪から成り立っており、実践するためには入居できるアパートや訪問型の包括的な精神保健サービスなどが必要となる。日本においては、現状では、生活保護という枠組みを無視することはできないこと、都市部では生活保護の基準の中で安心して住むのに適したアパートが時に見つけづらいこと、ACTをはじめとした訪問型の地域精神保健サービスが充実している地域ばかりではないことなど、さまざまな障壁があり、アメリカやカナダ等の他国で実践されているハウジングファーストの理念や支援構造を忠実に再現することは、現実的にはすぐには難しい。難しいが、現状ではすぐには難しいということと、やらなくてもよいということとは等価ではない。前述したように、この社会のなかで拡大していく健康格差に対して、純粋な医療の提供だけではなく、安定した住まいのような社会経済的な支援を提供することが大きな効果を発揮するということは、脆弱性をもつ集団に特化したポピュレーション・アプローチ（vulnerable population approach）を考えていく上での象徴的な方策の一つとなりうる。既存の構造のなかでも、ハウジングファーストの理念から学び、工夫して実践できることがある。

Jさんはターミナル駅の階段に座り、見るからに憔悴した様子でうなだれていた。通りかかった路上巡回チームが声をかけると、アトピー性皮膚炎と乾燥肌で全身の皮膚がボロボロになっており、食事も 2、3 日とれていない状態であった。病院に通院することには大きな抵抗をもっており、皮膚の状態が悪くなった時にはお湯を掛け流しにして長時間入浴をすることで改善するという、自分なりの自己療養法を身に付けて暮らしていた。日雇いの仕事を続けながら、ビジネスホテルに数日泊まって長時間の入浴をしては皮膚を癒し、また働くというような生活をしばらく続けていたが、手持ち金が尽きて入浴ができる宿を確保できなくなった。体調が悪化して仕事を見つけることもできず、力尽きて階段に座りこみ、疲労と空腹でもうろうとしていたところであった。乾燥した皮膚が剥(む)けて周囲の床は白い粉が撒かれたようになっていた。本人は他人の世話になることに対して申し訳ないという気持ちが非常に強く、支援を受けることを拒否した。しかしながら、見るからに体調が悪く、放置すれば命にも関わる状態であると考えられたため、巡回チームはまずは食事を提供しつつ半日をかけて話し合った。本人は施設に入ることは避けたいと言い、個室のアパートを希望したが、路上巡回チームが即座に提供できる支援の枠組みのなかで、個室のアパートを準備することは不可能だった。本人の話をよく聴くと、本人が希望しているのは一人でゆっくりと入浴して皮膚を癒すことのできる浴槽であり、それさえあれば施設入所でも構わないということがわかった。皮膚がボロボロな状態にあり、本人としては浴槽に長くつかって癒せば良くなることが経験的にわかっている一方で、集団での入浴では浴槽を汚してしまって周囲に迷惑をかけることを気にかけており、また、周囲から皮膚をジロジロとみられることを恐れてもいた。

既存の規定された支援構造のなかで、すべての人に特別な対応が可能なわけではないが、身体的な緊急度がきわめて高く、このまま放置はできないと判断した巡回チームと施設職員の判断により、一般の入所者の入浴時間帯を避けて本人が一人で入浴できる時間をつくることを伝え、それによって緊急保護的な施設入所を本人が選択することができた。涙を流しながらようやく首を縦に振ったJさんは、ゆっくりと入浴し、食事と安心できる場所での睡眠をとり、数日の間に見違えるように回復して本来の力を取り戻し、再就労を目指して就職活動を開始した。気力を取り戻すと、今後のやりたいことなどを語るようになった。皮膚科への通院は希望しなかったが、本人なりの入浴による自己療養によって、皮膚の状態は出会った当初よりもたしかに改善した。

Jさんの支援者はハウジングファーストについての知識をもっていたが、ハウジングファーストを自分たちの手で十分に提供できないことも知っていた。日本の福祉の構造のなかで、ほかにはすぐに利用できる住まいの選択肢がないことをJさん自身もよく知っていた。そうしたなかで、安心して一人で入浴できる浴室を一時的ながらも得ることが現状からの回復につながりうるということをJさんと支援者が共有でき、厳密な意味でのハウジングファーストではないながらも、ハウジングファーストを念頭に置いた上で既存の支援構造のなかでできることは何かと考えることから、急場をしのぐことができる支援の工夫が浮かび上がった。皮膚について実際に他者から心ないことを言われた経験も多くあり、それによって大きな疎外感を感じていたJさんにとって、皮膚に関する苦しみやそれに対する自己療養としての入浴は、通常の支援を拒絶して路上生活を続けることを選択するほどに重要なことであった。

過去の体験にもとづいて、それぞれの人にはそれぞれの人が語る物語（narrative）がある。集団生活やステップアップ型の支援モデルが有効ではなく、ハウジングファースト型の支援が有効であることにも、それぞれの人の物語や特徴を背景とした個別の意味が存在する。ハウジングファーストの理念や実践の工夫から学び、そのままの形ですぐには現場で実践できないながらも、まずは本人の物語を聴き、個別のニーズに沿う形で、既存の社会保障の構造のなかで提供可能なところから始めていくこともまた、現実的には必要であると考えられる。

Ｋさんは以前に生活保護を利用した際に、「病院に連れて行かれて７リットルの血を抜かれた」ため、福祉を受けたくはないと言い、路上生活を続けていた。精神科医が巡回相談のなかで何度も話し合い、「7リットルも血を抜かれないようにみまもる」ことを約束して、一緒に福祉事務所の生活保護申請窓口を訪れた。しかしながら、長時間の窓口相談をしているうちに血を抜かれないかと怖くなり、Ｋさんは路上へと戻ってしまった。その後、福祉事務所の職員は精神科医と一緒に何度もＫさんと路上で話し合った。Ｋさんと福祉事務所職員は徐々に信頼を築くことができ、また、よく知る仲になったことによって窓口での面接を短時間で終わらせることができたこともあり、Ｋさんは生活保護を利用して暮らすことができた。ひとまず病院には行かなくてもよいことを担保した上で、保護を利用して暮らしはじめ、周囲の支援者と信頼関係を築くことができるようになると、いつの間にか病院にも通うことができるようになった。人と関わることに不安をかかえていたり、さまざまな手続きが苦手な人は、窓口での相談が嫌だと考えるだけでも、ホームレス状態を長く続けることにつながってしまうこともある。路上生活をやめてアパートに住まう際には、本人にとっては大きな暮らしの変化が生じることになるため、路上にいる時から信頼関係を築いた人が寄り添うことによって、途中であきらめたり怖くなって失踪したりすることなく住まいを得やすくなる。

Ｌさんは出稼ぎに出たまま他界した配偶者の死を受け入れることができず、いつか必ず帰ってくると信じて、配偶者を最後に見送った場所で、いつしか路上生活を続けるようになった。支援者の配慮によって、その場所のすぐ近くにアパートを借りることができ、数年来の路上生活から脱することができた。配偶者の帰りを待って毎日同じ場所に座りながらも、アパート生活を送ることができている。

これらの福祉事務所職員をはじめとした支援者の対応も、ハウジングファーストそのものからは遠いかもしれないが、治療を受けることを住まいを得ることの条件にしないということなど、ハウジングファーストの理念からの学びが支援の成功につながった例と言える。ハウジングファーストを念頭に置き、そこから学ぶことで、自分たちが提供している既存の支援構造や、社会保障の構造を問い直すことができる。それは支援者の態度や用いる言葉の変革にもつながりうる。既存の支援構造の枠組みにあてはめることなく、本人の物語を聴き、潜在的なニーズに耳を傾けることから道がひらかれることもある。そのような個別の現場レベルでの小さな工夫と変革を積み重ねると共に、ホームレス支援や重い精神疾患をかかえる人の地域生活支援の視点から、社会の構造の変革を推し進めていく必要がある。

## 6　人が地域で暮らせる社会を構想する

### 6-1　入院中心からコミュニティのなかでの精神保健サービスへ

ホームレス支援の構造について考えることは、精神科病院への長期入院をはじめとした施設化の問題とコミュニティのなかでの精神保健サービスについて問い直すことと深く結びついている。日本では、「脱施設化」、「入院医療中心から地域生活中心」の地域精神保健医療体制の構築に向けた取り組みは、依然として不十分である。「OECD 医療の質レビュー日本」においても、30 万床を超える精神科病床数の多さや平均入院期間の長さなど、日本の精神科医療の改善は喫緊の課題であると指摘されている(＊15)。安定した住まいと合わせて、さまざまな困難をかかえながらも人々が地域で暮らすことを支えるための、コミュニティのなかでの精神保健医療福祉の充実が求められる。

精神科病院に入院している状態のままに、その人が地域で暮らす力があるかどうかを支援者が一方的に判断することは決してできない。誰もが地域で暮らす力をもっている。精神科病院からの退院を促進するにあたって、「退院して地域で暮らしたいですか？　入院を続けたいですか？」と尋ねることのみをもって主体的な意思決定の尊重とは言えない（＊16）。退院して病院の外で暮らすための具体的で現実的な可能性を広げることなくして、精神科病院に長期間入院しており、帰ることのできる住まいをもたない人に対する退院支援はなし得ない。精神科病院や刑務所に入っては出ることを繰り返している間に、帰る家や頼ることのできる人のつながりを失い、自信を喪失してしまった人でさえも、安定した住まいを得て、地域で暮らすことから得られる経験を重ねていくことで、実現したい生活を取り戻すことが十分にできる。

幻聴や被害妄想などに追われて路上生活を続けている人たちにこそ、ハウジングファースト型の支援が必要である。有効なホームレス支援の形を構想することはすなわち、重い精神疾患をもつ人が安心して地域で暮らせるための精神保健医療福祉のあり方を問うことでもある。今現在、私たちの目に見える慢性の路上生活者に対してのみならず、精神科病院への入院という形で施設化されている膨大な数の人々に対して必要な施策として、ハウジングファーストを位置付けることができる。高齢化が進んでいくなかで、施設化を進めていきたいのか、住みたい場所で暮らしたいように暮らすことができる社会をつくりたいのか、大きな分岐点に私たちは立っていると言える。

### 6-2　長期服役から社会のなかでの回復支援へ

Ｍさんは覚醒剤依存症と精神病に加えて、薬物事犯以外にも数々の前科があった。刑期を終えて生活保護を利用し簡易宿泊所（通称：ドヤ）に住みながら、安心して暮らせる住まいと仕事を探し始めた。常に何かに追われていると感じており、狭くて壁の薄い簡易宿泊所では隣の部屋に住む人の声がうるさく、落ち着いて寝ることができずにいた。アパートを借りようとすると、刺青や指がないことを指摘され、数々の犯歴が知られていることもあり、入居を断られることを何度も繰り返した。社会から疎外されていると感じたＭさんは自信を失っていき、しばらく使用していなかった覚醒剤を再使用してしまうようになり、簡易宿泊所での隣人とのいさかいを契機に逮捕されて懲役となった。

覚醒剤依存症をもつ人の薬物再使用は刑務所出所直後が最も多いとされている。犯罪者とみなされ、受刑によって大切な人とのつながりを喪失し、社会における居場所を失って孤立した結果、ますます薬物に依存してしまうという悪循環に陥り、心身の健康を損なっていく人が少なくない。そうした現実をふまえて、国際的には薬物問題を犯罪ではなく健康問題とみなし、厳罰主義を改めてハームリダクションを念頭においた支援を展開する国や地域が増えてきている（＊17）。

日本では、2016 年 6 月より「刑の一部執行猶予制度」が始まった。刑事施設内の処遇だけではなく社会内処遇への移行をはかり、支援機能を充実させていこうという動きである。特に薬物事犯に関しては累犯者であっても一部執行猶予が可能となった。刑事施設収容から社会内処遇へという刑事施設の大きな方針転換をうけて、薬物依存症をもつ人が地域で安心して暮らせるための保健医療福祉の充実や、それを可能にする社会の受け皿が一層必要になる時代であると言える。保護観察所だけでなく、行政や医療機関、民間支援団体等が協働し、薬物依存症をもつ人が安心して地域で暮らせる連携の輪を築いていくことが望ましい。

M さんのように薬物依存症からの回復を志した人が、安全で安心できる住まいを得た上で、薬物使用に対する厳罰や非難ではなく、薬物に依存せざるを得ないほどの困難を一緒に話し合える場につながることができたならば、刑務所入所を繰り返しては孤独と物質依存を強めていくこれまでとは違った道がひらかれる可能性がある。ハームリダクションを念頭に置いたハウジングファーストは、刑事施設ではなく地域社会のなかで薬物依存症をもつ人が回復していくことができるための施策としても位置づけうる。

## 7　おわりに—ハウジングファーストを始める

重い精神疾患や依存症をもつ人を主な対象としつつ、住まいの確保をはじめとして狭い意味でのヘルスケアの外側にまで拡張されたハウジングファーストは、拡大する健康格差に対する社会的処方箋としての意味をもち、社会的包摂をめぐる政治対抗であるとも言える。社会からの斥力（せきりょく）によってはじき出され、強力な吸引力をもつ精神科病床に長期に入院している人や、刑務所に入っては出ることを繰り返していき場所を失っている人が多くいるなか、これからの高齢社会をデザインしていくにあたって、ハウジングファーストは一つの社会的選択を示唆している。現状ではどうしてハウジングファーストを実践することが難しいのか、それはすなわちアパートに住むという人々の当たり前の希望をかなえることがどうしてできないのかということを考えていくことから、私たちがどのような社会を構想していきたいのかということを問い直すことができる。

現行の日本の社会保障制度のなかでハウジングファーストを実践するためには、生活保護を基盤として考えていくことが現実的である。各地域の福祉事務所をはじめとした公的機関と私的な支援との間で理念を共有し、これまでのステップアップ方式や管理主義的なモデルのなかで有効性を欠いていた点を見直し、それぞれの立場で実行可能な創意工夫をしながら、実際の支援経験を通してその有効性を実感することを重ねていく必要がある。東京都では 2017（平成 29）年４月から、路上生活が長期化した高齢者を対象として、巡回相談から地域生活移行後の支援までを一貫して行う「路上生活者対策モデル事業」が試行的に開始された。公的機関からも、路上から直接アパートへ入居するモデルにもとづいた支援が広がりつつある。行政や医療機関などの公的機関と地域のさまざまな私的な支援との間の結びつきを強め、有効な公私連携を構築していくことによって、高齢者や重い障害をもつ人から生活困窮者、外国人などすべての人の暮らしへと連続性をもった「全市民を対象とした地域包括ケア」の構想のなかにハウジングファースト型のホームレス支援を位置づけ、各地域の実情に沿った実践を推し進めていくことが求められる。

それぞれの現場のさまざまな障壁から、完全な形での実践がすぐには困難であろうとも、ハウジングファーストから学び、まずはできることから始めてみることで、道がひらけるのではないだろうか。日本でも各地での好事例を可視化して共有し、さらなる支援の実践とエビデンスを積み重ねながら、誰もが安心して地域で暮らせるためのシステムを構想していきたい。

謝辞

本論文の執筆にあたって、ホームレス状態にある人の医療・保健・福祉へのアクセスの改善、そして精神状態と生活の回復を目的として活動を続けている「ハウジングファースト東京プロジェクト」に関わる皆様から多くのご助言をいただいたことを深く感謝いたします。

**文献**

＊1　Fazel, S. et al. The health of homeless people in high-income countries：descriptive epidemiology, health consequences,and clinical and policy recommendations.Lancet, 384; 1529-40, 2014.

＊2　Fazel, S. et al. The prevalence of mental disorders among the homeless in western countries：systematic review and metaregression analysis. PLoS Med, 5.12; e225,2008.

＊3　森川すいめい、他「東京都の一地区におけるホームレスの精神疾患有病率」日本公衆衛生雑誌 2011 年 58 巻 5 号、331-339 頁。

＊4　熊倉陽介、他「こころと身体の健康はひとつながり―価値に基づく統合的支援」医学のあゆみ 2017 年 Vol. 261、№ 10、925-932 頁。

＊5　Brandling, J. et al. Social prescribing in general practice：adding meaning to medicine. Br J Gen Pract, 59.563; 454-456,2009.

＊6　厚生労働省「平成 29 年ホームレスの実態に関する全国調査検討会（概数調査）結果」平成 29 年 5 月 23 日。

＊7　Felitti, VJ. et al. Relationship of childhood abuse and household dysfunction to many of the leading causes of death in adults：The Adverse Childhood Experiences（ACE）Study. American journal of preventive medicine, 14.4; 245-258, 1998.

＊８　Tsemberis, S. et al. Pathways to housing：Supported housing for street-dwelling homeless individuals with psychiatric disabilities.Psychiatric services, 51.4; 487-493, 2000.

＊９　Gulcur, L. et al. Housing, hospitalization,and cost outcomes for homeless individuals with psychiatric disabilities participating in continuum of care and housing first programmes. Journal of Community & Applied Social Psychology, 13.2; 171-186, 2003.

＊10　Tsemberis, S. et al. Housing first,consumer choice, and harm reduction for homeless individuals with a dual diagnosis.American journal of public health, 94.4; 651-656, 2004.

＊11　Padgett, D. K. et al. Housing first services for people who are homeless with cooccurring serious mental illness and substance abuse. Research on social work practice, 16.1;74-83, 2006.

＊12　Stefancic, A. et al. Housing First for long-term shelter dwellers with psychiatric disabilities in a suburban county：A four-year study of housing access and retention. The journal of primary prevention, 28.3-4; 265-279,2007.

＊13　Aubry, T, et al. Housing first for people with severe mental illness who are homeless：A review of the research and findings from the at Home-Chez soi Demonstration Project. The Canadian Journal of Psychiatry, 60.11; 467-474, 2015.

＊14　Aubry, T, et al. A multiple-city RCT of Housing First with assertive community treatment for homeless Canadians with serious mental illness. Psychiatric Services, 67.3; 275-281, 2015.

＊15　OECD. OECD Reviews of Health Care Quality：Japan 2015：Raising Standards.OECD Publishing, 2015.

＊16　熊倉陽介「質問促進パンフレットを用いたリカバリー志向の診療」精神神経学雑誌 2016 年 118 巻 10 号 757-765 頁。

＊17　松本俊彦・古藤吾郎・上岡陽江　編著『ハームリダクションとは何か――薬物問題に対する、あるひとつの社会的選択』中外医学社、2017 年。

第2章

# パスウェイズ・トゥ・ハウジングとハウジングファースト

山北輝裕

## 1　アメリカにおけるホームレス状態の人々の増加

アメリカでは、1981年からのレーガン政権下における公的扶助のカット（AFDC（Aid to Families with Dependent Children：要扶養児童家庭扶助）の対象者の厳格化）、住宅政策のカット（貧困層への家賃補助削減）、相対的貧困率の悪化（OECDの統計によると、1980年15.4%、1982年17.1%、1989年17.9%）などを背景にしながら、1980年代前半は、ホームレス状態の人々が急増する時期として認識されている。アメリカのホームレスの定義は、路上での野宿のみを指すのではなく、「人間の住まいを意味しないような場で眠る人」とされているため、ホームレスシェルターに滞在している場合もホームレスとして位置づけられるが、この時期は、なかでも文字どおりの野宿者（rough sleeper）が増加した。

ホームレス状態の人々の数は、1984年の住宅都市開発省（Department of Housing and Urban Development：HUD）の推計では1日に25万～35万人とされたり、アーバン・インスティテュートの推計では1週間に50万～60万人とされたり、活動家ミッチ・シュナイダーによる1983年の推計では1日に200万～300万人（その後、この数字に根拠はなかったことが発覚）とされるなど、幅がある（Burt 1996）。

こうしたなかで政府がようやく重い腰をあげ、1987年にマキニー法（The Stewart B.Mckinney Homeless Assistance Act）が連邦政府レベルで成立する。マキニー法にもとづく施策は、「屋根と飯」を中心に、基本的には「シェルターへの権利」（ホームレス状態になればシェルターに入ることができる権利）を実現したものであったが、応急措置的な対策であり、長期的な解決の視点は欠けていた（平川・小池 2003、小池 2006）。

メンタルヘルス、アルコール・薬物依存の問題の深刻化や、単身男性だけではなく、女性、子連れのホームレス状態の人々の増加、アフリカ系・ヒスパニック系の人々の増加などが、当時のホームレス状態の人々の実態として確認されているが（ICH 1999）、こうしたさまざまな経緯から路上に放り出された人々を、シェルターで一括して収容する政策には、限界があった。その一方で、マキニー法以降の膨大なシェルターの増加に伴い、自治体等の財政の負担も増加した。そのため、1993 年からのクリントン政権下で、シェルター政策から「切れ目のないケア」（Continuum of Care）への移行が掲げられた。

この「切れ目のないケア」は、安定した家に移ることと自立を最大限に引き出すために、ホームレス状態の人々の特有のニーズに合うように家と支援を計画し、届けるコミュニティプランである（NAEH 2010）。ホームレス状態をなくし、そして、ホームレス状態に戻ることを防ぐために、アウトリーチから始まり、緊急シェルター、通過施設、恒久住宅という順番にステップアップしていく支援策である。

しかし、この「切れ目のないケア」の方針も、このステップに合う人々のみが「選別」される危険性をはらんでいた（平川・小池 2003）。こうしたなかで、この「階段」に上がれない（あるいは上がっては下がるを繰り返す）「慢性的なホームレス」（chronically homeless）状態が問題化されていく。なお、住宅都市開発省は政府による「慢性的なホームレス」の定義を採用しているが、①１年あるいはそれ以上、路上生活を送りつづけ、障害をかかえる単身ホームレス、②過去３年の間に４回はホームレス状態になった障害をかかえる単身ホームレス、のいずれかを指している。

こうしたなかで、1992 年に、アメリカのニューヨークでささやかに始まったホームレス支援のプログラムであるハウジングファースト（以下 HF と表記）は、まさに長期にわたって路上生活をおくり、そして精神障害などをかかえる「慢性的なホームレス」の人々を対象に集中的なケアを実施している。

特に、薬物を使用し、なおかつ精神障害をかかえるといった、複合的な（co-occurring）困難をかかえるホームレス状態の人々は、「治療拒否者」あるいは「家で自立して住めない者」としばしばみなされてきたが、他のプログラムで拒否されてきたこうした人々をHFは対象としている（Tsemberis, Asmussen 1999：113)。

HFの革新性は、シェルターなどの「中間施設」をへずに、文字どおり直接、アパートに入居することを実現させた点である（下の図を参照)。しかもそのアパートは完全な個室であり、日本でしばしば無料低額宿泊所として存在するような、アパートの一室における集団生活やグループホームの形をとらない。この変化はパラダイムシフトとされるほどに、世界各国のシステムに変化をもたらし、一部では国の政策に取り入れられている。

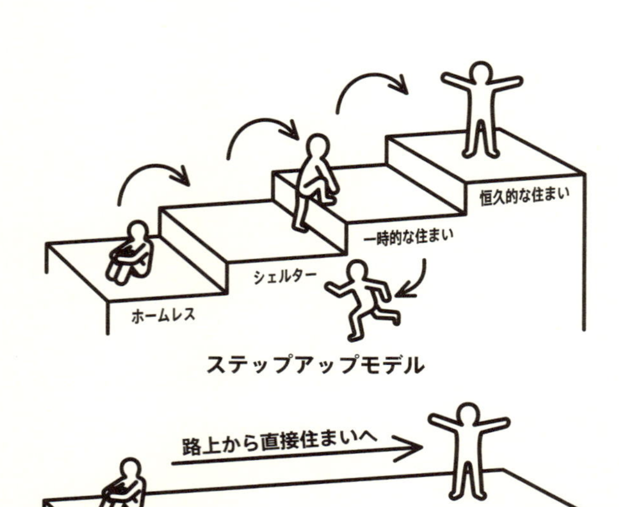

従来のホームレス支援プログムは、いわゆるステップアップモデル（step up model、階段モデル（staircase model）ともいう）を前提とし、施設からの「ドロップアウト」の多さが指摘されてきた。それに対してHFによるアプローチの驚くべき点は、路上からアパートに住居を移行した人々が、アパートを出ることなく、そのまま居住する「定着率」である。定着率に関する調査は多数あるが、あとでも触れるように、その割合はほぼ7〜8割を超えている（Tsemberis, Eisenberg 2000　Stefancic, Tsemberis 2007など多数)。ただ、ここでいう定着率とは、あくまでもアパートに住んでいる比率を指し、生活が安定していることを直ちに意味しない（Padgett, Henwood, Tsemberis 2016：58)。しかし、それでも定着率が高いということは、当事者の生活と、支援者のケアがいかにして交差していくのかという、非常に興味深い実践的な問いが浮上する。

本章では、残念ながらその具体的なケアの場面について検討することはできないが、世界を席巻しているHFの誕生の経緯および理念について紹介することで、上記の問いにささやかながら答えてみたい。

なお本章で紹介するHFは、アメリカのホームレス支援団体であるパスウェイズ・トゥ・ハウジング（Pathways to Housing）の実践をもとにしている（以下、「パスウェイズ・トゥ・ハウジングによるハウジングファースト実践」の略、および「パスウェイズ・トゥ・ハウジング」の略としてPHFと表記する)。また、本章は主に『Housing First』(Padgett, Henwood, Tsemberis 2016）を参照しているが、適宜HFに関する論考・調査を引用する（注1)。

## 2　ハウジングファーストの経緯

### 2-1　パスウェイズ・トゥ・ハウジングの誕生

1992年、PHFはNPOとしてニューヨークで設立される。PHFモデルは、当事者とスタッフと調査者の対話のなかから生まれたとされている(Padgett, Henwood, Tsemberis 2016：4)。なかでも設立のきっかけとなったのが、HELP（Homeless Emergency Liaison Project）とChoicesという二つのプログラムだったようだ。

ホームレス状態の人々が激増するなかで、1981年、ダンボールの中で亡くなっている61歳の女性が発見された。このような路上死はほかにも発生し、1982年にニューヨーク市が死の危険にさらされているホームレス状態の人々にアウトリーチを行い、病院へと入院させるHELPプロジェクトが始まった（Katz他 1993：4）。

HELPプロジェクトでは、精神科医、ソーシャルワーカー、看護師がアウトリーチをかけ、ベルヴュー病院（Belleview Hospital）にいったん移送し、病院でケアを受けたあと、他機関や他のプログラムへとつないでいくというような実践がなされていた。

しかし、この一種の「強制的な入院」プログラムは難航したようだ。1985年まで、ニューヨーク市精神衛生法にもとづいて「危険」な状態の人物をカウントしていたとされているが、1600人がそのように分類され、48人（わずか3%）が緊急に入院したとされている（Katz他 1993：4）。1985年の大寒波では、警察官も動員された。1987年には法解釈が広がり、精神障害の結果としての「重篤な障害」をかかえる人々の「強制的な入院」も許可された（Katz他 1993：5）。1989年の1年間で5000件以上のアセスメント、918人中261人が非自発的に入院し、70人が自発的に入院したとされている（Tsemberis他 1993：72-73）。

実はPHF創設者のサム・ツェンベリスは、PHF設立前にこのHELPに携わっており、ベルヴュー病院の精神科に入ることを嫌がるホームレスの人々に、日々アウトリーチを行っていた（Padgett, Henwood, Stanhope 2008）。

しかし、ツェンベリスは、アウトリーチのHELPプロジェクトに4年にわたって参加するなかで、病院に入ったものの、3～4週間で路上へもどるホームレスの人々の姿を目の当たりにする。そのなかで、「家が欲しい」と彼らから懇願されたことが、PHF設立のきっかけの一つとなったようだ（Padgett, Henwood, Stanhope 2008　Main 2016：100）。

HELPアプローチの限界という文脈のなかで、ツェンベリスとシャーンらが、1990年に米国国立精神保健研究所（National institutes of mental health）から助成金「Taking Psych Rehab to the Streets」をとり（Main 2016：100）、ボストン大学の精神リハビリセンターでウィリアム・A・アンソニーによって考案された技術や、リカバリー概念（Anthony 1993）を導入したChoices（チョイス）という、ニューヨークのドロップインセンターを中心としたリハビリプログラムを行った。このプログラムもまた、ツェンベリスがPHFを最初に思いついた場所であるとされている（Padgett, Henwood, Tsemberis 2016：5）。

この実験的プログラムは、まさにアウトリーチで経験してきたサービス提供と当事者のニーズの間の不協和音を乗り越えるべくつくられたものである（Shern 他 2000：1873）。Choicesは、敷居の高さや、当事者への苦労の多い要求、当事者が将来必要なスキルは、別の環境で身につけることができるという従来のアプローチの想定を、乗り越えるべき問題としデザインされている（Tsemberis 他 2003：307）。Choicesは当事者のニーズや目標を定める際に、あくまでも当事者による選択を重視する。

具体的には、①アウトリーチは、Choicesのスタッフとホームレス個人との基本的な関係をつくるためにデザインされている、②Choicesセンターに来ると、研究協力者（＝当事者）はシャワーや食事、メンタルヘルスや社会的支援などを受けることができる、③教会あるいはYMCAのベッドで休息できる、④コミュニティのなかで居宅を見つけ、維持することを支援するためのリハビリテーションを受けることができる、などから構成される（Shern 他 2000：1874）。

そして91人がChoicesのプログラムの、また、77人が従来のプログラムの対象となり、2年間のパネル調査のあと（69％が残った）、両者の比較を行った。その結果、食料を得ること、寝る場所を得ること、清潔に保つことが、Choicesの当事者はより容易となった。また住居の状況では、Choicesの当事者は路上で寝る人が54％減少したが、これは従来のプログラムでは28％の減少であり、2倍近く差がついた。レジャー・金銭・安全・健康・家族・

社会などの生活の質についても、Choicesが従来のプログラムよりも良いスコアとなった。精神的状態では、不安などは、Choicesが従来のプログラムよりも減少していた（Shern他 2000：1875-1876）。

しかし、各種のサービスを得たり、野宿ではなくなるという点においては相対的に成功したものの、当事者の大半は納得のいく家を得ることはなかった。そして、コンシューマーチョイス（当時者の選択：3-1で詳述）を中心にしつつ、路上から家に、直接入居できる効果的なプログラムの必要性が認識される（Tsemberis他 2003：309）。なお、1990年代は、一晩にシェルターに入所しているホームレス状態の人々の人数は、ニューヨークだけでも2万人台であった（Coalition for the homeless 2017）。

これら二つのプログラムを経て、その後、ツェンベリスはPHFを立ち上げる。そして50人の深刻な精神障害のホームレスの人々にHFの支援を行い、92年の12月から93年の末にかけて、84%の人々がアパートを維持したのだった。ツェンベリス自身の「なんてことだ！　我々はなにか新たなことをやってるんじゃないか」と驚きをかくせない様子が、トーマス・J・メインによるインタビューで語られている（Main 2016：102）。

## 2-2　調査へ

ツェンベリスらによる独自のHFの取り組みが始まり、その効果を確認していたものの、PHFはまだ調査にもとづく客観的な科学的証拠（evidence）を構築していなかった。

そこで、彼らがHFの効果を測る上で採用した方法は、無作為比較試験（Randomized Controlled Trials：RCTs）である。これは、たとえば新薬の効果などを測る際にランダムに二つの群に分け、一方の群には新薬を投入し、他方の群には従来の治療を一定期間行い、比較検討する手法である。この手法を野宿者支援の世界に流用したのだから、いわば壮大な「社会実験」となった。

最初のHFのプログラムの効果を測定する調査は、PHFとニューヨーク州ネイサン・クライン（Nathan Kline）協会とニューヨーク市の人的資源課

（Human Resources Administration）の共同によって可能となった（Padgett, Henwood, Tsemberis 2016：50）。

PHF のケア（242 人）と従来のプログラム（1600 人）の 5 年間を比較したところ、PHF の 88%が住宅を維持し、従来のプログラムでは 47%であった（Tsemberis, Eisenberg 2000）。

1997 年には、さらに PHF の効果を評価するために、政府から資金が提供され大規模な調査が行われる。ここでもツェンベリスを中心とし、サラ・アスムセン、マリー・ベス・シン、そしてニューヨーク居住研究（New York Housing Study：NYHS 調査と表記）が RCTs を企画する。ツェンベリスが中心ということもあり、関係者のバイアスを避けるためにシン（プロジェクトの評価者）と Substance Abuse and Mental Health Services Administration（SAMHSA：薬物乱用とメンタルヘルスサービス局）のチェックを組み込んだ（Padgett, Henwood, Tsemberis 2016：51）。

NYHS 調査は、ニューヨーク市における精神障害をかかえるホームレスの人々の 4 年間の比較パネル調査（PHF と従来のプログラムの比較）を行った。対象となる人々は、過去 30 日のなかで 15 日を路上もしくは公共空間で過ごした人、過去 6 か月の間でホームレス状態であった人、重篤な精神障害をかかえる人である。これらの人々を RCTs で振り分け、PHF は 99 人、従来のプログラムは 126 人、合計 225 人が対象となった。

インタビューは、HF を受ける人々はアパートや事務所で行い、従来のプログラムの人々は公園やコーヒショップ、刑務所、独房、シェルターなどで行ったとされている（Padgett, Henwood, Tsemberis 2016：51）。

PHF の群に振り分けられた 99 人は、ニューヨークのハーレムやブロンクス、ブルックリンやクイーンズなどのアパートへと入居し、ACT チーム（Assertive Community Treatment：ACT）（注2）のケアを受けることになった（家賃の 30%は補足的保障所得（Supplemental Security Income）などから当事者が負担する）。

そもそも従来の研究では、流動的なホームレス状態の人々への長期のパネル調査は困難とされており、6 か月ごとのアセスメントを 4 年間行うということであったが、12か月で94%、調査の最後の期間までは87%の人が協力するという、非常に高い維持率を保った（Stefanic, Schaefer-McDaniel, Davis, Tsemberis 2004）。

調査終了の2002年、PHFの居宅では定着率が高く、また、入居者も彼らの生活に関して選択と制御の感覚が従来の支援策に比べて強いという結果が提示され、これが最初の経験的証拠（empirical evidence）となる（Padgett, Henwood, Stanhope 2008）(注3)。

なお、NYHS調査の初期の報告書は、プログラムとモデル（Tsemberis, Asmussen 1999）、1年目の報告（Tsemberis, Moran, Shinn, Asmussen, Shern 2003）、2年目の報告（Gulcur, Stefancic, Shinn, Tsemberis, Fischer 2003）で確認できる。また主要な知見のインパクトが最も大きなものとしてはTsemberis, Gulcur, Nakae（2004）とされており、2年でPHFは80%を維持し、従来のケアでは30%が維持したとされている。

なお、ツェンベリスによると、2006年のニューヨーカー誌でマルコム・グラッドウェルが執筆した記事に、元海軍で精神障害をかかえるマーレイという男性が、刑務所、シェルター、緊急避難所、リハビリ治療施設などを出たり入ったりを繰り返し、10年間に100万ドルのコストがかかっていたが、家を与えたところ、これらのコストはカットされたと報じたこともHFが展開される後押しとなったとされている（Padgett, Henwood, Tsemberis 2016：57-59）。

HFが政策として実施されるように訴えていくうえでは、理念もさることながら、コストの削減が後押しとなったが（ちなみに1992年当時、ニューヨーク市長はデイヴィッド・ディンキンス、大統領はジョージ・H・W・ブッシュである）、のちにいくつかの費用対効果調査で、この点が再三にわたり強調されている。

このようなHFのアメリカ国内の展開のなかで、2010年の6月には、ICH（Interagency Council on Homeless：ホームレス問題連絡協議会）のホームレス対策5カ年計画のなかの5つの戦略の一つにHFが含まれることになった（Tsemberis 2010：5）。

## 3　ハウジングファーストの理念と支援実践

### 3-1　ハウジングファーストの基本理念

先述のとおり、HF以前は、ホームレスの人々にはいわゆる切れ目のないケアのモデルが実施されてきた(そしてそれらは現存する)。それらはトリートメントアプローチ、あるいはステップアップモデルとも呼ばれているが、その前提はまず当事者の行為に変容を迫るものであり、当事者にとっては自由と自律を犠牲にすることになる（Johnson, Parkinson, Parsell 2012)。

このモデルでは、施設の想定する使用者像に到達すれば、一時避難所から「中間施設」などの、より「上段」の施設へと次々とステップを上がっていくことになる。そして、ホームレス状態の人々は「矯正」を経たあと、最終的にアパートへと上がることをゴールとしている。すなわち「自立」して暮らす以前に、それに値する「家に住む準備」(身の回りのことを自身でできる。薬物を断つなど）が当事者の側でなされていることを前提としていた。

ツェンベリスとアスムセンは、これらの従来のシステムが低い成功率であった理由を、先行研究や当事者の声をまとめる形で5点あげている(Tsemberis, Asmussen 1999：116)。①継続的に絶えず変化を求められることは、当事者にとって非常に精神的に疲れる。②絶え間ない変化は、逆説的に、スタッフの支援や治療を減少させる。③構造的な集団の場でうまく機能するよう学んだ技術は、自立生活の状況に必ずしも転用可能ではない。④当事者は、選択と自由を欠いている。⑤当事者は、医療スタッフの決定にもとづいた監視的な住居に入所する。そして当事者は、わずかなプライバシーもしくはコントロールのみ可能になる。

最も状況のきびしい当事者は、住居へのアクセスから取り残されてきたという（Greenwood, Stenfancic, Tsemberis 2013：647)。また、このようなシステムが、多くの慢性的なホームレス状態の人々を、病院、シェルター、刑務所などの入退所を繰り返す「施設たらいまわし」(Institutional Circuit）にのせることに貢献してしまったとされている（Hopper他 1997)。

そのため、PHFは、①消費者（＝当事者）の選択に価値をおく哲学と実践、②コミュニティに基礎をおく流動性のある支援サービス、③（一か所に利用者を集めるのではなく）散在し、（入所）期限のない家という3つの指針を中心に展開されている（Padgett, Henwood, Tsemberis 2016：3）。

また、PHFモデルの革新性は以下の5点にまとめられている（Greenwood, Stenfancic, Tsemberis 2013：645-646）。①複合的な症状のホームレス状態の人々に、家とサービスが提供された。②専門家による決定から当事者による家とサービスの選択へと再配置された。③家は、治療を終えたり断酒を達成して得られるものではなく、権利として提供された。④ハームリダクション（注4）を組み込んだ。⑤調査とエビデンスにもとづく実践が、サービス提供のそれぞれの側面で統合された。

PHFは、消費者（＝当事者）の選択に価値を置くというコンシューマーチョイスをHFの実践のルーツとする（Greenwood, Stenfancic, Tsemberis 2013：648）。コンシューマーチョイスの考え方の誕生は、1980年代のリハビリテーションの文脈のなかで、従来のプログラムが当事者の選択や自律性を弱体化させ、借用権利を非常に厳しく制限し、部屋を借りるには処置や断酒を求め、精神障害をかかえる人々を専用の家に入れることで、社会的孤立をはかったことなどが批判的にとらえられてきた点が背景にある（Greenwood, Stenfancic, Tsemberis 2013：648）。

また、サポートと家を分けて考える点も重要である。PHFでは、個人の家の状態にかかわらずサポートを受けることができる。この点も、かつての支援策が家を得る条件として規則や治療を課していたこととは袂（たもと）を分かつ。そして、当事者たちはACTチームによる24時間体制のケアを受けている。

### 3-2 PHFのフィデリティ

HFは、アメリカ国内で破竹の勢いで広がったが、同時にその名前だけを名乗り、実際は「ハウジングオンリー」（しかも一時的なもの）で、ケアはないというような、HFの哲学と実践を十分に共有しない支援団体が登場する事態が発生した（Greenwood, Stenfancic, Tsemberis 2013：656-657）。

そうしたHFの広がりのなかで、ニューヨークのPHFのプロトタイプを忠実に再現できるかどうかを測るフィデリティ（忠実性）が作成されている(Stefanic, Tsemberis, Messeri, Drake, Goering 2013)。38項目あるうちのいくつかを紹介したい（注5）。

家の選択に関しては、当事者が場所や装飾、家具の配置、そのほかに家の仕様を十分に選ぶことができるかどうか。プログラムにかかわって6週間以内に家に入居し、家賃補助を受ける人が85%いるかどうか。賃貸契約は定期的に必要でも、家の保有権に期限を設けていないか。家賃は収入の30%かそれ以下におさまっているか。プログラムによって借りられている部屋は、一つの建物のなかで20%以下かどうか（従来の施設収容主義では、しばしばスティグマを伴い、入所者同士の相部屋が主流である。そのため、PHFは入居者の家（個室）を散在させ（scattered)、同じ建物のなかに当事者たちが入居する際も、最低でも同一建物に当事者が20%以内になるように制限している)。当事者は、他の入居者と居住空間を共有しないかどうか、などが判定基準として設定されている。

また、家の提供と支援は分離して考えられている。すなわち、家を失ってもサービスは継続するかどうか、当事者は家へ入居するにあたり、スタッフと週に1回会うこと以上の用意を示すことを求められないか、つまり、家の借用に関して付随するプログラムがないかどうか、標準的な借り方を守り、スタッフの週1回の訪問以上に当事者は借用を続けるための要求をされず家を維持することができるかどうか、これらが判定基準として設定される。

サービスについては、当事者は週に1回スタッフと会うことを除いて、いかなる時もサービスや支援を選択したり、修正したり、あるいは拒否する権利をもっているか。当事者は、薬物治療もしくは公的な処置活動を求められることはないか。家もしくはサービスをだしにしたような支配的な活動、過剰な押し付けがましい当事者への監視を使用していないか。介入は、広範囲な人生の目的を対象にしているか。プログラムは当事者の自己決定と自立を日々の活動のなかで強くアドヴォケートしているか、などが判定基準として設定される。

支援については、精神・看護に関するもののほかに、地域で暮らしていけるように買い物やインフラの整理、日中活動など生活全般をめぐる社会統合のサポートサービスがあるか、電話による支援は24時間体制かどうか、などが、判定基準として設定されている。

プログラムの体制については、プログラムは（スタッフは）1か月に少なくとも4回は当事者の90%と対面で会っているか、スタッフに対する当事者の割合は低いものであるか（10人あるいはそれ以下の人数の当事者に対して1人のフルタイムのスタッフ）、ひんぱんにミーティングを設けているか（1週間に少なくとも4日は会合する）、プログラムに関して当事者の意見提供の機会をあたえているか、などが判定基準として設定されている。

### 3-3　支援実践

退役軍人のGさんは、ベトナム戦争時にアメリカ国内の軍病院で任務についていた。退役後、原因不明で未治療の妄想型統合失調症となり、1970年代のドラッグ文化にとらわれる。刑務所や精神病院の入所・退所を繰り返し、路上生活となった。30年もの間、公園のベンチや路地で野宿し、その間に仕事、家族、友人、そして希望を失った。10年前、パスウェイズ・トゥ・ハウジングD.C.（District of Columbia）を知り、彼の人生はまた変化した。

パスウェイズは無条件で彼に家を提供した。自分の居場所、そして頭上の屋根は、彼が薬物を断つことや、精神疾患を管理することを可能にした。月日が進むにつれ、回復の過程でGさんとパスウェイズは仲間になっていく。彼らは、最初は医者にかかるとか、食料品店に行くことなど、小さな目標を達成することに取り組んでいたが、徐々に、よりいい仕事を得ることなど大きな目標に向かって進んでいる。Gさんは言う。「安定した住居と心からのサポートを得たら、精神的、身体的にも健康は促進したよ。自分自身を学びなおし、訓練しなおすことができたよ」。

現在もGさんはアパート、自転車、パソコン、そして将来の展望をもち、退役軍人のホームレスの人々を対象とするピアスタッフとして働いている。
(Pathways to housing D.C. Opening Doors 資料より編集)

PHFでは、ACTチームと、いわゆるゼネラリストで、専門的サービスの仲介を行うICMチーム（Intensive Case Management）が総合的に当事者へアプローチしている。

ACTチームは看護師、依存症専門家、ピア専門家、精神科医、ソーシャルワーカー、住宅専門家から構成されている専門家集団である。チームによるアプローチで、ケースや日々のチームミーティングを共有する。スタッフ一人につき当事者10人の割合とし、コミュニティにおける連絡を中心としている。また24時間体制で当事者の危機に対応する。そのため、ACTチームの１日は、ケアを受ける個々の当事者の状況やケアの進展等を確認する朝のミーティングから始まる。

コンシューマーチョイス（当事者主権）が基軸にあるため、最終的には当事者が何をいつどのように変えたいのかを決めることになるが、たとえば当事者から「もうストレスはごめんだ」というような訴えがあり、この目的を達成するために当事者が「YMCAで週に２回運動する」、あるいは「週に３回５分間の瞑想を行う」と言うとする。そうすると、支援チームは当事者がYMCAのトレーニングルームを安く利用できるように手配する。あるいは、YMCAのトレーニングルームの設備を使えるようになるためのツアーを組む。あるいは、当事者が瞑想を実践する際に専門家に見てもらうよう手配する、等々の計画がたてられていくことになる（Tsemberis 2010：81）。

各メンバーが健康、家、雇用、家族や社会関係、依存症など多岐にわたるさまざまな支援を行っていることからも、「同じクライエントなどいない。そしてリカバリーにおけるどのクライエントの旅もユニークである」（Tsemberis 2010：80）とされているように、PHFの支援実践は高度に個人化されたトリートメントアプローチであることがわかる。

HFの場合、家がまず真っ先に提供されるため、当事者がその後にさまざまな目標をたてることを可能にするとされている（Tsemberis 2010：82）。新しい入れ歯、車の免許取得、友達の訪問、ダイエット、健康な食事をとる、職を得る、投薬をやめる、ドラッグの使用を減らす、詩を書く、病院にはいかない、彼女や彼氏をつくる、写真をとる、ヨガ教室に通う、図書館にいく、新しい眼鏡を買う、麻薬をやめる、酒をやめる、などである（Tsemberis 2010：82）。

そして、自分のアパートに入るということが、当事者のモチベーションに根本的な変化をもたらし、自身のリカバリーに積極的な参加をもたらすことになるという（Tsemberis 2010：82）。ただし、多くの当事者がホームレス状態であったことや、精神障害や依存症に対してのネガティブでスティグマ化された神話によって、希望や夢を粉々にされてきたため、当事者の目標がかなうように、スタッフは信頼関係や協同関係を結んでいく（Tsemberis 2010：82）。

また、自宅訪問は、チームにとって重要な活動であり、「自宅訪問のアートと科学」と表されている（Tsemberis 2010：84）。自宅訪問が「当事者とスタッフの力関係に変化をもたらす方法」（Tsemberis 2010：87）としてとらえられている点も独特である。

## 4　おわりに

アメリカにおけるHFは、ホームレス状態の当事者を「矯正」する従来のステップアップモデルの支援への反省・批判から始まった。そして、当事者の選択を中心にしつつ路上から直接アパートへの入居を支援し、ACTチームによる集中的なケアを行うことで高い定着率を保っていることが報告されてきた。アメリカ初のこの取り組みは、その質を高めるために、家の形式やスタッフの人数、面接の回数など、さまざまな面から高いフィデリティによって規制されていた。

ツェンベリスのかかわったHELP、Choices、HFというプログラムの流れはまさに、どのように支援の手を差し伸べるのか、当事者は何をいちばん望んでいるのかについて、真摯に向き合ってきた歴史であったといえる。

もちろん、HFはホームレス状態の人々を生み出す社会構造自体を変えることはないし、HFによって家を得たとしても、より広いコミュニティへの参加に課題が残るということが指摘されてきたことからも、HF は万能薬ではない（Johnson, Parkinson, Parsell 2012)。しかし、それでもなお、当事者の回復（リカバリー）の過程は、支援者との協同的な取り組みでありつつも、安定した〈自宅〉があってこそ、という経験的事実を、改めて我々につきつけているのではないだろうか。

**注**

1　本章は山北（2017）を編集・修正・加筆したものである。

2　ACT は「重い精神障害をかかえることで頻回入院や長期入院を余儀なくされていた人々が病院の外でうまく暮らしていけるように、さまざまな職種の専門家から構成されるチームが援助するプログラム」（西尾 2004：13）とされている。日本では包括型地域生活支援プログラムと呼ばれている。

3　ただし NYHS は、この調査に倫理的なジレンマをかかえていた。というのも、HF と従来のプログラムの比較にあたって、ランダムに選ばれる候補者が、ある人は HF へ、ある人は従来のプログラムに割り振られたからだ。しかし、調査スタッフはこのジレンマを「この調査が終わったあとに彼らは HF を与えられる」ととらえることで乗り越えたとされている（Padgett,Henwood,Tsemberis 2016：52)。

4「弊害の軽減」と訳されることもある。薬物を使用したうえでの有害な行動によるネガティブな結果を減少させる実践であり、完全に薬物を断つことを治療のゴールとしない（Tsemberis 2010：152)。

5　本文で紹介するフィデリティと内容はほぼ同じであるが、以下では Tsemberis (2010：215-217）に掲載されている 38 項目を紹介する。

以下のチェックリストは、ほとんどの専門家が PHF プログラムの構成要素と考える項目を含み、それら主要なものは、5 つの主な見出しのもと番号が項目につけられ、リスト化されている（I　家の選択と構造、II　家と支援の分離、III　支援哲学、IV　支援の配置、V　プログラムの構造)。

このチェックリストは、プログラムの重要領域のすべてが実行され、運用可能であることを確かなものにするために使用されうる（なおチェックリストはフィデリティの尺度ではない。フィデリティの評価は、チームの仕事を観察し、チームメンバーや当事者にインタビューを行う外部の専門家によって行われる）。

また、このリストはACTチームを使用するPHFプログラムに適用されるため、ICMチーム（Intensive Case Management）を使用するプログラムについては、以下のリストに変更を加えたうえで適応される（Tsemberis 2010：215）。その変更は、「項目24から28はプログラムによって直接的に提供される必要はない」、「項目32の比率は人数に応じて増やしてよい」、「項目34のチームアプローチは適用しない」、「項目36における会合は週単位とする」などである（Tsemberis 2010：217）。

Ⅰ　家の選択と構造

1. プログラムの当事者は、家の場所やその他の特徴について十分に選択できる。
2. プログラムは、当事者が選択した個室に早く移動できるよう支援する（住宅に関する公的扶助を確保してから6週間以内に）。
3. 家の保有権は、標準的な賃貸もしくは占有権の契約で定められる内容以上の実質的あるいは予定された期限を設けず、恒久的であることを前提にされている。
4. プログラムの当事者は、彼らの収入のうち妥当な額（30％未満）を家賃として払う。
5. プログラムの当事者は、精神障害あるいはその他の障害がない人たちも利用可能な、散在する個人取引の家に住む。
6. プログラムの当事者は、いかなる居住空間でも他の住人と共有することは期待されない。

Ⅱ　家と支援の分離

7. プログラムの当事者は、家に入居する権利を得るために、家に入る準備（housing readiness）を行動で示すことを求められない。
8. 賃借権の継続は、その条件としての医療、治療、あるいは支援を〔当事者が受けて〕満たすことと一切結びつかない。
9. プログラムの当事者は、賃借あるいは占有の契約について追加の特別な条件なしに、その家に対する法的権利をもつ。
10. プログラムは、引越しの回数に標準的な制限を設けず、家を失った当事者に新たな家に入居する権利を提供する。
11. プログラムの当事者は、たとえ彼らが家を失ってもプログラムのサービスを受け続ける。

12. プログラムスタッフは、当事者の居住地に配置されることはなく、当事者が選択した場所へサービスを運ぶことができる可動性がある。

Ⅲ　支援哲学

13. プログラムの当事者は、継続的に支援のタイプ、順序、度合いを選択する。
14. 精神障害をかかえるプログラムの当事者は、薬物治療を受ける、あるいは公的な治療活動に参加することを求められない。
15. 薬物依存をかかえるプログラムの当事者は、公的な治療活動に参加することを求められない。
16. プログラムは、薬物使用にはハームリダクションアプローチを利用する（それは禁欲をもとめることはなく、また使用に関するネガティブな結果を減少させるように働く）。
17. スタッフは、日々の実践で動機付け面接法の原理を利用する。
18. プログラムは、関与することが困難な当事者に関与するために多数の技術を利用する。
19. プログラムは、当事者への関与や治療の順守を促進するための強制的な活動に従事しない。
20. プログラムは、当事者中心の治療計画を実施する。
21. プログラムは、生活の広大な領域に接近するために、体系的に個別の介入を行う。
22. プログラムは、当事者の自己決定や日々の活動における自立を増加させ、強く支持する。

Ⅳ　支援の配置

23. プログラムは、公的扶助、電気・ガス・水道の設置、近隣の案内、大家との関係、物件の管理、生活費の工面、買い物の支援も含めて、当事者が家を維持できるよう支援を提供する。
24. 精神医療サービスは、プログラムによって直接的に提供される。
25. 統一化された、段階的な薬物使用の治療は、プログラムによって直接的に提供される。
26. 援護就労サービスは、プログラムによって直接的に提供される。
27. 看護サービスは、プログラムによって直接的に提供される。
28. 社会統合をサポートするサービスは、プログラムによって直接的に提供される。

29. プログラムは、精神的あるいはその他の危機に電話で24時間体制で対応し、必要であれば緊急のサービスに当事者をつなげる。

30. プログラムは、入院治療の担当者を巻き込み、適切な退院を確かなものにするために入院患者担当のスタッフと連携する。

V　プログラムの構造

31. プログラムは、家を維持するうえで複合的な障害をかかえる個人に優先的な〔入居〕登録を与える。

32. プログラムは、精神科医と経営上の支援を除いて、一貫して低い当事者／スタッフ比率（10：1）を維持する。

33. プログラムは、当事者が安全や幸せを確かなものとするために、接触の敷居を最小限のものとする。

34. プログラムスタッフは、多くの専門分野からなるチームとして機能する。臨床のスタッフはすべてのプログラムの当事者について知っていて、そして働きかける。

35. プログラムスタッフは、それぞれのプログラムの当事者のためのサービスを計画し、振り返るための会合を頻繁にもつ。

36. プログラムは、状況報告、すべての当事者の医療関連、過去24時間内の接触について振り返りを行い、日中のスタッフのスケジュールを進展させるために毎日の組織的ミーティングを使用する。

37. プログラムはチームの中に、ピアサポーターとしてローカルな基準で証明された、あるいは資格をもつ専門的なスタッフをもつ。

38. プログラムは、当事者がプログラムの運用や方針について異議をとなえたり、意見を述べる機会を提供する。

## 文献


Anthony,William A.,1993, “Recovery from Mental Illness：The Guiding Vision of the Mental Health Service System in the 1990s,” Psychosocial Rehabilitation Journal,16(4)：11-23.

Burt,Martha R.,1996, “Homelessness：Definitions and Counts,” Baumohl Jim eds,Homelessness in America,Westport：Oryx,15-23.

Coalition for the homeless,2017,Number of Homeless People Each Night in NYC Shelters.

http://www.coalitionforthehomelessorg/the-catastrophe-of-homelessness/facts-about-homelessness/（2017.5.10 取得）.

Greenwood,Ronni M.,Stefancic Ana,Tsemberis Sam,2013, "Pathways Housing First for Homeless Persons with Psychiatric Disabilities：Program Innovation, Research, and Advocacy," Journal of Social Issues,69(4)：645-663.

Gulcur Leyla, Stefancic Ana, Shinn Marybeth, Tsemberis Sam, Fischer, Sean N., 2003, "Housing,Hospitalization, and Cost Outcomes for Homeless Individuals with Psychiatric Disabilities Participating in Continuum of Care and Housing First Programmes," Journal of Community & Applied Social Psychology,13：171-186.

Henwood,Benjamin F.,Shinn Marybeth,Tsemberis Sam,Padgett,Deborah K.,2013, "Examining Provider Perspectives Within Housing First and Traditional Programs," American Journal of Psychiatric Rehabilitation,16：262-274.

平川茂・小池隆生、2003、「アメリカ」小玉徹・中村健吾・都留民子・平川茂編著『欧米のホームレス問題（上）―実態と政策』法律文化社、303-361 頁。

Hopper Kim,Jost Jhon,Hay Terri,Welber Susan,Haugland Gary,1997, "Homelessness,Severe Mental Illness,and the Institutional Circuit," Psychiatric Services,48(5)：659-665.

HUD,2007,Defining Chronic Homelessness：A Technical Guide for HUD Programs.

ICH,1999,Homelessness：Programs and the People They Serve.

Jencks Christopher,1994,The Homeless,Cambridge：Harvard University Press.（＝ 1995、大和弘毅訳、岩田正美監訳『ホームレス』図書出版社）.

Johnson Guy,Parkinson Sharon,Parsell Cameron,2012,Policy Shift or program drift? Implementing Housing First in Australia,Australian Housing and Urban Research Institute.

小池隆生、2006、『現代アメリカにおけるホームレス対策の成立と展開』専修大学出版局。

Katz,Steven E.,Sabatini Albert,Codd Catherine,1993, "The Homeless Initiative and Project HELP：Historical Perspectives and Program Description," Katz、Steven E.,Nardacci David,Sabatini Albert eds,Intensive Treatment of the Homeless Mentally Ill,Washington DC：American Psychiatric Press,1-24.

Main, Thomas J.,2016,Homelessness in New York City：Policymaking from koch to de blasio,New York：NYU Press.

NAEH,2010,Fact Sheet：What is a Continuum of care? , http://www.endhomelessness.org/library/entry/fact-sheet-what-is-a-continuum-of-care（2017.5.10 取得).

NAEH,2014,The State of Homelessness in America 2014.

西尾雅明、2004、『ACT 入門―精神障害者のための包括型地域生活支援プログラム』金剛出版。

Padgett,Deborah K.,Henwood,Ben F.,Stanhope Victoria,2008, "issues and action：New Approaches in the Third Decade of the Homelessness "Crisis" in America：Innovation Inspired by Practice and Supported by Research," New York University Silver School of Social Work.

Padgett,Deborah K.,Henwood,Benjamin F.,Tsemberis,Sam J.,2016,Housing First：Ending Homelessness, Transforming Systems, and Changing Lives,New York：Oxford.

Pathways to Housing DC,2014,Pathways to Housing DC 10th Anniversary Report 2014.

Perlman Jennifer,Parvensky John,2006,Denver Housing First Collaborative Cost Benefit Analysis and Program Outcomes Report,Denver's Road Home.

Pleace Nicholas,2016,Housing First Guide Europe, http://housingfirstguide.eu/website/（2017.5.10 取得）.

Salyers,Michelle P.,Tsemberis Sam,2007, "ACT and Recovery：Integrating Evidence-Based Practice and Recovery Orientation on Assertive Community Treatment Teams," Community Mental Health Journal,43(6)：619-641.

Shern,David L., Tsemberis Sam,Anthony William,Lovell,Anne M.,Richmond Linda,Felton,Chip J.,Winarski Jim,Cohen Mikal,2000, "Serving Street-Dwelling Individuals With Psychiatric Disabilities：Outcomes of a Psychiatric Rehabilitation Clinical Trial," American Journal of Public Health,90(12)：1873-1878.

Stefancic Ana,Schaefer-McDaniel,Nicole J.,Davis,Andrew C.,Tsemberis Sam,2004, "Maximizing follow-up of adults with histories of homelessness and psychiatric disabilities," Evaluation and Program Planning,27：433-442.

Stefancic Ana,Tsemberis Sam,2007, "Housing First for Long-Term Shelter Dwellers with Psychiatric Disabilities in a Suburban County：A Four- Year Study of Housing Access and Retention," Journal of Primary Prevention,28：265-279.

Stefanic Ana,Tsemberis Sam,Messeri Peter,Drake Robert,Goering Paula,2013, "The Pathways Housing First Fidelity Scale for Individuals With Psychiatric Disabilities," American Journal of Psychiatiric Rehabilitation,16：240-261.

Stefancic Ana,Henwood,Benjamin F.、Melton Hilary,Shin Soo-Min,Lawrence-Gomez Rebeka,Tsemberis Sam,2013, "Implementing Housing First in Rural Areas：Pathways Vermont," American Journal of Public Health,103：206-209.

Tsemberis, Sam J.,Cohen,Neal L.,Jones,Rebecca M.,1993, "Conducting Emergency Psychiatric Evaluations on the Street," Katz,Steven E.,Nardacci David,Sabatini Albert eds,Intensive Treatment of the Homeless Mentally Ill,Washington DC：American Psychiatric Press,71-89.

Tsemberis Sam,1999, " From Streets to Homes：An Innovative Approach to Supported Housing for Homeless Adults with Psychiatric Disabilities," Journal of Community Psychology,27(2)：225-241.

Tsemberis Sam, Asmussen Sara,1999, "From Streets to Homes：The Pathways to Housing Consumer Preference Supported Housing Model," Alcoholism Treatment Quarterly,17：113-131.

Tsemberis Sam,Eisenberg,Ronda F.,2000, "Pathways to Housing：Supported Housing for Street-Dwelling Homeless Individuals With Psychiatric Disabilities," Psychiatric Services,51(4)：487-493.

Tsemberis,Sam J.,Moran Linda,Shinn Marybeth,Asmussen,Sara M.,Shern,David L.,2003, "Consumer Preference Programs for Individuals Who Are Homeless and Have Psychiatric Disabilities：A Drop-In Center and Supported Housing Program," American Journal of Community Psychology,32：305-317.

Tsemberis Sam,Gulcur Leyla,Nakae Maria,2004, "Housing First,Consumer Choice,and Harm Reduction for Homeless Individuals With a Dual Diagnosis," American Jounal of Public Health,94(4)：651-656.

Tsemberis Sam,2010,Housing First：The Pathways Model to End Homelessness for People with Mentall Illness and Addiction,Minnesota：Hazelden.

Tsemberis Sam,2013, "Housing First：Implementation,Dissemination,and

Program Fidelity," American Journal of Psychiatric Rehabilitation,16：235-239.
山北輝裕、2017、「ハウジング・ファーストに関するノート①—ハウジング・ファーストとは何か」『社会学論叢』189：39-69頁。

第3章

# 国内におけるホームレス対策の進展とハウジングファースト

## ～東京23区における状況を中心に～

稲葉　剛

## 1　あなたがホームレス状態になったら…

いま、本書を読んでいる皆さんのなかに、「もし自分がホームレス状態になったら…」という想像をしたことのある方はいるだろうか。

予期せぬ失業や倒産、病気などの理由により経済的に困窮し、家賃も滞納してしまったあなたは、最終的にアパートを追い出されてしまい、その日からしかたなくネットカフェに緊急避難をする。なんとか生活を立て直そうと、必死に仕事を探そうとするが、履歴書に書くべき住所がないことが求職活動の大きな妨げとなってしまい、仕事が見つからないまま、所持金だけが減少していく。ネットカフェ代も払えなくなったあなたは、生まれて初めて路上にダンボールを敷き、野宿を試みるが、寒さのために一睡もできない。食事を摂ることもままならなくなって、このまま自分は死ぬのではないか、みずから命を絶った方が良いのではないかと思いはじめる。

そんな極限状態から抜け出すための最後の手段が生活保護の申請だ。あなたは役所の窓口に行ってみずからの窮状を訴え、職員に嫌味を言われながらも、なんとか生活保護の申請にこぎつける。今夜から泊まる場所がないと言うと、民間の宿泊施設を紹介される。言われた場所に行ってみると、室内は二段ベッドがずらりと並んだ20人部屋。それでも路上で寝るよりはマシと割り切って、シミだらけの布団にもぐりこむ。

翌朝、体がかゆくて眼を覚ます。隣のベッドの人に聞くと、シラミやダニが大量発生していると言う。同室者には暴力団員のような風貌の男もいて、別の入所者から金品を恐喝しているようだ。一刻も早くここを出たいと思うが、勝手に抜け出すとまた野宿に逆戻り。いつになったら出られるのか、不安になる。隣のベッドの人はすでにここに8年いると言っていた…。

以上は、つくり話のように聞こえるかもしれないが、私自身が路上生活者への相談支援を行うなかで、複数の人から聞いた実体験をまとめたものである。残念ながら、これが首都圏におけるホームレス対策の実態なのだが、ホームレス状態からの生活保護申請が困難であった1990年代と比べると、これでも状況は改善していると言うこともできる。

本稿では、東京23区内の状況を中心に、日本のホームレス対策がどのように進展してきたのかを振り返り、その成果と課題を考察したい。

## 2 自立支援センター事業と生活保護の運用改善

日本においてホームレス問題が社会問題として認識されはじめたのは、1990年代初め、バブル経済崩壊の影響で、建築・土木現場で働いてきた日雇労働者が野宿へと追いやられていったのが発端である。こうした路上生活者は当初、東京・山谷（さんや）、大阪・釜ヶ崎など、日雇い労働者が集まる「寄せ場」に集中していたが、1993年から94年には新宿や川崎など各地の路上でダンボールハウスをつくって暮らす人が増えはじめ、それぞれの地において支援活動が本格化していった。

私が東京で路上生活者への支援活動を始めた1990年代半ばは、都内の多くの福祉事務所が路上生活者に対して、生活保護は「65歳以上の高齢者に限る」、「就労できないほど重い病気や障害をかかえている人に限る」といった非常に制限的な運用を行っていた。生活保護は本来、生活に困窮している人に対して、その理由の如何を問わず、無差別平等に「健康で文化的な最低限度の生活」を保障する制度である。路上生活者の生活保護利用に不当に高いハードルを課す運用は差別的であり、違法性が高い、と私たち支援団体は指摘してきたが、改善はなかなか進まなかった。

2002年、ホームレス問題の深刻化を受けて、国会でホームレス自立支援法が成立した。この法律は、生活保護とは別枠の仕組みとして、路上生活者に一時的な宿泊を提供し、就労を支援する自立支援センター事業を実施することを、対策の中核に据えていた。東京では都と23区の共同事業として、自立支援センターが2000年から開設されており、同法は東京が先駆けて実施していたこの事業を全国的に展開することを企図するものであった。

自立支援センター事業は、典型的な「ワークファースト」型（就労を最優先するモデル）の支援策である。東京の自立支援センターは、原則２か月以内に再就職を果たした人だけが、アパートに移るための金銭的な支援（敷金等の初期費用の約半額を補助）を受けることができる、という仕組みであり、再就職ができなかった人が路上に戻されてしまうという問題も起こっていた。

他方で、ホームレス自立支援法は、路上生活者対策における国や自治体の責務を明確にしたため、従来の福祉事務所による差別的な運用を正す役割も果たした面もある。同法の成立を受けて、2002年８月に厚生労働省が発出した通知は、「ホームレスに対し、生活保護の要件については、一般世帯に対する保護の要件と同様」とするという原則を確認した上で、住まいがないことや身体的に働ける能力があることをもって、働ける世代の路上生活者を生活保護から排除する運用を戒める内容が盛り込まれていた。各地の支援団体は、この通知を活用し、路上生活者に対する生活保護の差別的な運用を改善するための取り組みを強化していった。

さらに2006年以降、国内における貧困が拡大していることが明白になってくると、全国各地で「反貧困」を旗印にした社会運動が広がっていった。こうした反貧困運動には、弁護士や司法書士も数多く参加しており、法律家の協力により、各地で生活に困窮した人の生活保護申請を支援する活動が拡大。徐々に生活保護の運用が改善されていった。

## 3　東京都による地域生活移行支援事業

このように全国的には自立支援センター事業と生活保護の活用による「脱ホームレス化」が進んだが、東京23区で路上生活者数の減少に寄与した事業として忘れてはならないのが、2004年から2009年にかけて東京都が実施した地域生活移行支援事業である。

東京都の概数調査によると、東京23区内の路上生活者数は、1999年に過去最多の5798人を記録した。自立支援センター事業が開始された2000年以降、その数は減少に転じたものの、減少幅は限定的で、2004年段階でも5497人までしか減っていなかった。

当時、東京23区内の大規模公園や河川敷には必ずと言っていいほど数百人規模のブルーテント村が形成されていた。こうしたテント村の住人たちにとって、確実に安定した住まいを得られるとは限らない「ワークファースト」型の自立支援センター事業は魅力的に映らず、センターに入所している間に、公園管理事務所や河川管理事務所が工事を実施して、もとのテント設置場所に戻れなくなってしまうことを恐れる声が多かった。そのため、自立支援センターの入所者は、路上生活歴の比較的短い新規流入層が中心となり、テント層の入所は限定的だったのである。

そこで、東京都は2004年から都内の公園や河川敷のテント村を解消することをめざし、地域生活移行支援事業を開始した。「3000円アパート事業」と呼ばれたこの事業は、テント村住人を対象に、民間の賃貸住宅を借り上げて、原則2年間、月3000円の低家賃でサブリース（又貸し）を行うという事業である。2009年度まで実施されたこの事業では、計1945人が事業を利用し、事業終了時にはそのうちの約84%、1626人が一般住宅において地域生活を継続することができた。

東京都は2009年10月に発表した「ホームレスの自立支援に関する第2次実施計画」のなかで、地域生活移行支援事業について、「ホームレスの多くは、低家賃住宅があれば、地域生活を継続できること、本人の意欲・必要性に合わせた就労支援と生活サポートを行うことにより、アパートを自分で借り、自立できることが実証されました。」、「従来の自立支援システムでは路上生活からの脱却が難しい、公園等に定着したホームレスを地域生活に移行させる上で、本事業は効果があったと考えられます。」と評価している。

この事業の効果により、23区内の路上生活者数は、2004年以降、激減し、

2008年には2645人と４年間で半分以下にまで減少した。ただ、都の概数調査は日中の目視調査であるため、テントを持たずに夜間のみ路上で寝泊まりをしている人がカウントされない傾向にあることは留意しておく必要がある。

地域生活移行支援事業では、私も生活相談員として新宿中央公園から23区内のアパートに入居した人たちへの巡回相談を担当した。この事業の利用者はアパート入居から６か月間、本人が希望すれば、東京都が提供する公園清掃などの臨時就労に就き、月十数万円程度の収入を得ることができた。そ

全国と東京23区のホームレス概数調査結果の推移

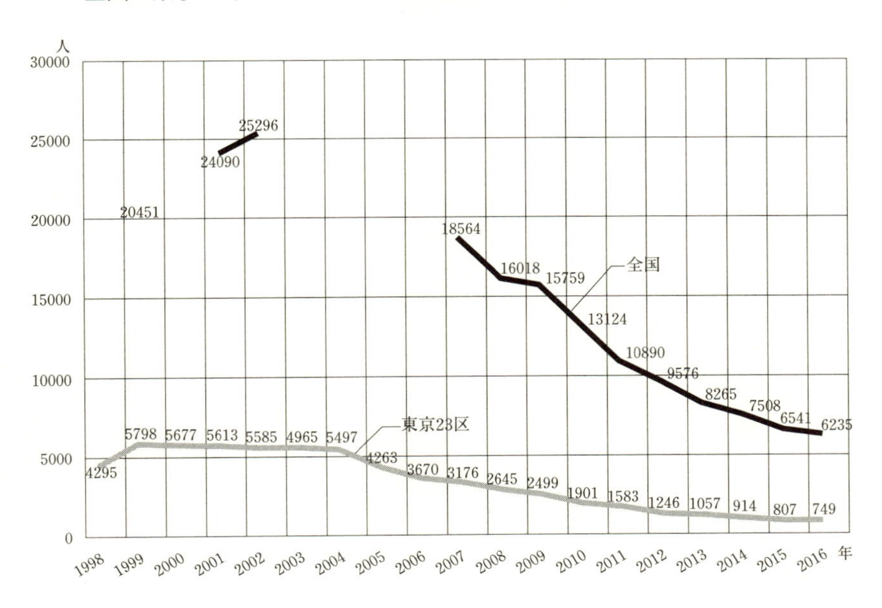


注：全国値は各年１月調査の値（1999年度は10月、2001年度は９月調査）であり、東京23区の値は各年８月調査の値（国管理河川を除く）である。

出所：東京都福祉保健局「都区共同事業によるホームレス対策の現状について」（平成28年３月）などによる。

の半年の間、再就職に向けた相談支援も実施されたが、期間内に安定した仕事に就くことができず、生活に困窮する人も少なくなかった。そうした人や、そもそも疾病などにより臨時就労自体が困難な人は、私たち生活相談員がそれぞれの利用者が居住する地域の福祉事務所に同行し、生活保護の申請を支援した。

私はそれまでも路上生活者の生活保護申請を支援する活動を行っていたが、常に福祉事務所が申請を違法に拒む「水際作戦」をどう突破するか、という点に頭を悩ませていた。しかし、地域生活移行支援事業の利用者は、その地域の住民として生活保護を申請することができたため、路上からの申請に比べて、生活保護の申請は各段に容易であった。結果として、東京都が単独で実施したこの事業は、路上生活をしていた人を生活保護につなげるクッションを果たしていたと言える。

その反面、利用者の地域生活を支える人的体制は充分ではなく、特に利用者の心身の健康を支える支援が弱かったため、孤独死などの問題も発生していた。また、当時は路上生活者のなかに精神疾患や知的障害をかかえている人が多いという認識は支援関係者の間でも共有されておらず、精神科医療や障害者福祉サービスとの連携も不充分であった。

地域生活移行支援事業は、路上生活者に直接、アパートを提供するという意味では、「ハウジングファースト」型の支援策であったと言えるが、入居後の地域生活を支える支援という点では、欧米で確立している「ハウジングファースト」の定義にはあてはまらないものであった。その背景には、事業が開始された2004年当時、日本では路上生活者のメンタルヘルスに関する調査が行われておらず、私たち民間も含めた支援関係者の間で「家と仕事さえあれば、地域生活は可能であるはず」といった思い込みが強かったことが指摘できる。

私たち支援団体は、東京都に対して、地域生活移行支援事業を恒久化することを求めていたが、都内の主要な公園・河川敷から大規模なテント村が消滅したことをもって、2008年以降、新規の受け入れは実施されなくなり、事業は終了した。

## 4　生活保護の活用が「脱ホームレス化」主流に

地域生活移行支援事業の新規受け入れが終了したことにより、2008年以降、東京23区内での「脱ホームレス」化は、他の地域と同様に自立支援センター事業と生活保護が担うことになった。だが、前者の事業効果は非常に限定的である。

東京都福祉保健局の発表によると、2017年8月末時点での自立支援センター事業の退所者数は、2000年からの累計で計1万9889人。そのうち、アパートを確保できたのは34.0%（6765人）にとどまり、住み込みの14.5%（2884人）と合わせても、就労自立の実績は半数に達していない。残りの約半数のなかには、退所後に生活保護につながった者も含まれているが、その実態は明らかにされていない。

2006年ころまで、路上生活者の多い区の福祉事務所は、働ける世代の路上生活者が窓口に相談に来た際、生活保護につなげずに、自立支援センターに誘導する対応を取っていた。だが、民間での生活保護申請支援活動が広がると、支援者の協力により生活保護の申請書をあらかじめ用意して福祉事務所を訪れる路上生活者が増え、「水際作戦」は通用しなくなっていった。

福祉事務所による誘導が弱まり、「自立支援センター入所か、生活保護申請か」という選択が路上生活者自身の決定に委ねられるようになると、ほとんどの当事者は生活保護を選択するようになった。そのため、実質的なホームレス対策の主軸は、自立支援センター事業から生活保護へと移っていったのである。

2008年から2009年にかけては、リーマンショックを発端とする「派遣切り」問題が発生し、失職して生活困窮に陥る非正規労働者が急増した。しかし、2008年末の「年越し派遣村」の取り組みに代表される生活保護申請支援活動により、路上生活者数の増加は一時的な現象にとどまった。

NPO法人ホームレス支援全国ネットワークは、2010年度に実施した「広義のホームレスの可視化と支援策に関する調査」において、全国各地の福祉事務所や支援団体に調査を行い、2010年度において日本国内で何らかの形で脱ホームレスをした人は4万1563人であると推計した。そのうち生活保護を利用して脱ホームレスをした人は3万6539人であり、全体の約88%を占めている。ここからも、就労支援を軸とする自立支援センター事業の効果が限定的であり、ホームレス状態からの脱却が主として生活保護の利用によって行われていることがわかる。

## 5　無料低額宿泊所と無届け施設

だが、生活保護の利用は必ずしも安定した住まいの確保に結びついていないという問題がある。特に首都圏の福祉事務所では、ホームレス状態にある人が生活保護を申請した際、まず民間の宿泊所や簡易旅館（通称「ドヤ」）などへの入所を促し、すぐにアパートに移さないという運用を行っている自治体がほとんどだからだ。福祉事務所が民間の宿泊所やドヤに依存する背景には、大都市部において公的な施設（障害のある人が入所する救護施設や、生活指導が必要な人が入所する更生施設など）が圧倒的に不足しているという問題がある。

生活保護法では、第30条において「生活扶助は、被保護者の居宅において行うものとする」という居宅保護の原則が規定されている。また居宅での保護ができない場合は、「救護施設、更生施設若しくはその他の適当な施設」に入所させることができるが、「被保護者の意に反して、入所又は養護を強制することができるものと解釈してはならない」（30条2項）と規定されている。あくまで居宅保護が原則であり、施設での保護は例外という位置づけである。

しかし、実際の福祉事務所の現場では、住まいのない要保護者に対して施設入所を原則とする運用を行い、施設への入所を生活保護開始の条件であるかのように説明をする職員が少なくない。法律に反して、入所を強制している実態があるのだ。

では、福祉事務所が紹介する民間の宿泊所とはどのようなところだろうか。

民間の宿泊所は、主として社会福祉法にもとづく無料低額宿泊所（以下、無低）と、無低の届け出を行っていない無届け宿泊施設の２種類に大別される。無低は、社会福祉法に定めのある第２種社会福祉事業として設置されている施設であるが、都道府県への届け出によって開設できるため、「貧困ビジネスの温床」と批判されることが多い。

厚生労働省が2015年６月に実施した調査では、全国に無料低額宿泊所は計537施設が存在している。入所者の総数は１万5600人で、うち１万4143人が生活保護の利用者である。都道府県別では、東京都が最も多く、161施設に4069名（うち生活保護利用者3779名）が入所している。

他方、厚生労働省は無届け宿泊施設の調査も行っている。2015年６月に生活保護利用者（申請中を含む）が２人以上利用し、住む場所の提供以外に何らかの料金を徴収している全国1236の無届け宿泊施設を調べたところ、入所している生活保護利用者（申請者を含む）は計１万6578人にのぼり、無低の入所者を上回った。また、施設による金銭管理を「有り」としている640施設のうち、28.1％にあたる180施設が、無契約で入所者の金銭管理をしているという不透明な実態も明らかになっている。

この二つの調査の数字を合わせると、全国の約1800か所の民間宿泊所に３万人以上の生活保護利用者が入所している実態があることになる。2015年１月に厚生労働省が行ったホームレス概数調査によると、全国の路上生活者数は6541人なので、その4.7倍もの人が民間の宿泊所にいる計算になる。

こうした民間の宿泊所は2000年代に入ってから急増した。厚生労働省の社会福祉施設等調査によると、同調査に回答した無料低額宿泊所の施設数は1998年の43か所から2007年には233か所まで増加している。この増加はどのようにしてもたらされたのだろうか。

無低を運営する事業者のなかで、最も施設数が多いのがNPO法人エス・エス・エスである。同法人の発表している「法人概要2014」によると、2013年10月31日時点で同法人の運営する無料低額宿泊所は127施設（東京都、神奈川県、埼玉県、千葉県、茨城県）、総定員数は4635名にのぼるという。

2013年の入所者平均年齢は60.0歳、平均入所期間は1135日。同法人は「居宅生活移行支援事業」を実施し、アパートへの転居を促進していると主張しているが、短期で失踪する人も少なくない施設において、平均入所期間が3年を超えているのは、かなりの長期にわたる入所者がいることを意味している。特に70代以上の入所者については、平均入所期間が1565日と4年を超過しており、高齢者の「終の棲家」になっている状況がうかがわれる。

NPO法人エス・エス・エスは2000年に設立されているが、その前身は日本人権連合（NJR）という名称の政治団体であった。同団体は、1998年ころから東京都内の競売物件を次々に購入し、宿泊所に転用していった。入所者に生活保護を取得させ、その保護費から宿泊費と食費を徴収する手法は、「宿泊所ビジネス」として批判されたが、東京都が従来からの山谷対策・ホームレス対策において、同様の手法を取る民間の事業者（中高年事業団やまて企業組合など）に業務委託をしてきた経緯もあり、都や各区はこの新興勢力の宿泊所事業を黙認しつづけた。

1998年から99年にかけての時期は、金融危機による不況の影響に加え、都区で設置をすることが決定していた自立支援センターの開設が23区間の調整に手間取って遅れていたこともあり、都内の路上生活者数は増加しつづけ、99年には過去最多を記録していた。そのため、行政内部には「宿泊所ビジネス」に対する批判があっても、当面の「屋根」を提供してくれる団体として、宿泊所の開設を暗に歓迎する向きもあったのである。当時、私は複数の行政関係者が「あそこは必要悪だ」と言うのを直接、耳にしている。

エス・エス・エスが事業拡大に成功したことは、多くの追随者を生み出した。そのなかには生活保護の不正受給や脱税、不適切な金銭管理が問題になった事業者も少なくない。

## 6　頓挫した貧困ビジネスへの法的規制

反貧困運動の中心にいた社会活動家の湯浅誠が「貧困層をターゲットにしていて、かつ貧困からの脱却に資することなく、貧困を固定化するビジネス」

を「貧困ビジネス」という造語を用いて批判するキャンペーンを始めると、「宿泊所ビジネス」は「貧困ビジネス」の代表格として批判を受けるようになった。2007年から2010年にかけて、マスメディアはこうした施設の問題点をひんぱんに取り上げるようになり、「貧困ビジネス」施設の規制が政治的な課題として認識されるようになった。

こうした報道を受け、2009年10月、厚生労働省は「無料低額宿泊施設等のあり方に関する検討チーム」を発足させ、地方自治体やホームレス支援団体等からのヒアリングを行いながら、規制の在り方について検討を行った。しかし、無低のすべてが「貧困ビジネス」であるわけではなく、なかには支援団体が開設したグループホーム等も含まれるという状況のもと、一律の規制を課すと良質な施設の運営も困難になる、という点が指摘され、議論は迷走。国レベルでの法的な規制は見送られることになった。

しかし、地方自治体のレベルでは大阪府（2010年)、埼玉県（2013年)、さいたま市（2013年）などが、独自の規制条例を制定し、民間の宿泊所への行政の監視を強めている。2015年12月、さいたま市は都市計画法にもとづく開発許可を受けずに施設を建設し、不当に利益を得たとして、規制条例にもとづき、宗教法人善弘寺分院宗永寺（東京都足立区）に対し、新規入居者を受け入れないよう命じる行政処分を発出している。

生活困窮者支援に取り組む法律家やソーシャルワーカーらでつくる反貧困ネットワーク埼玉は、宗永寺が運営する川口市の施設について「川口市では、毎月の生活保護費の支給日に、無料低額宿泊所入所者が、宿泊所職員が運転するマイクロバス等に乗せられて福祉事務所まで運ばれ、宿泊所職員監視のもと、福祉事務所で保護費を受領し、その直後、宿泊所職員が、福祉事務所敷地内で、保護費全額を丸ごと回収するという異様な光景が毎月繰り返されている。」、「宿泊所の環境は劣悪なことが多く、入所者は高額な住居費等を徴求され就職活動もままならない。実際には、宿泊所からアパートへの転居が可能だが、入所者のほとんどは、そのことを、宿泊所からはもちろん、福祉事務所からも知らされない。そのため、入所期間は長期化し、宿泊所は暴利を取得し続けるという構造がある。」と指摘している。

2016年4月には、反貧困ネットワーク埼玉がこの施設の入所者向けの相談会のチラシを川口市役所前で配布していたところ、同法人の職員が妨害し、取材をしていたテレビ局の記者に暴行を加えて、現行犯逮捕されるという事件も発生した。

また、無低の施設が最も多い東京都では、条例は制定していないものの、2014年に東京都宿泊所設置運営指導指針を発表している。このガイドラインには、新設の施設は個室以外認めない、食事などの生活サービス契約は宿泊の契約と別にして、生活サービスの利用を宿泊所利用の条件としない、といった内容を盛り込んでいる。

このように、地方自治体のレベルでは貧困ビジネスの施設を規制しようという動きも出ているが、いずれも決定打を欠いている状況である。

国レベルでの規制の議論は、近年、停滞していたが、厚生労働省は2016年10月から2017年4月にかけて有識者や生活困窮者支援NPOの関係者による「生活保護受給者の宿泊施設及び生活支援の在り方に関する意見交換会」を6回にわたって開催し、規制に向けての議論を再び加速させた。

この「意見交換会」は2017年5月、「議論の整理」と題した文書を発表し、そのなかで「今後の進め方」について「いわゆる貧困ビジネスといわれるような悪質な事業者に対する規制は喫緊の課題であり、当面の措置として、何らかの規制の強化が必要である。また、生活支援を必要とする者が増加するなかで、良質な事業者が、活動しやすい環境づくりを進めていくことができるような方策について、速やかに検討する必要がある。」との方向性を打ち出した。

厚生労働省はこの方針にもとづき、無料低額宿泊所の居室面積などの設備や運営上の最低基準を設け、行政が改善命令や勧告を出せるように2018年の通常国会での法改正を目指しているという。

こうした規制強化によって、悪質な貧困ビジネス施設が淘汰されるのかどうか、引き続き、注目をしていく必要がある。

## 7　なぜ地域移行が進まないのか

民間の宿泊所と並ぶ受け皿として、ドヤの存在も指摘しておきたい。ドヤとは旅館業法にもとづく簡易旅館の俗称で、首都圏でも東京・山谷、横浜・寿（ことぶき）町、川崎・日進町などに「ドヤ街」と呼ばれる旅館街が存在する。宿泊費は生活保護の住宅扶助基準にあわせて、1泊1700～2200円のところが多い。

2015年5月には、川崎の日進町でドヤ2棟が全焼し、11人が亡くなる火災が発生した。この火災をきっかけに、ドヤ街に単身・高齢の生活保護利用者が多数居住していることがマスメディアによって注目され、なかには10～15年間、ドヤで居住している人がいる状況が明らかになった。

この火災のあと、厚生労働省や各自治体は、ドヤや民間の宿泊所に暮らしている生活保護利用者の居宅移行を促進する方針を示したが、あまり進んでいないようだ。

では、なぜ地域生活への移行が進まないのだろうか。私は「送り出し側」、「受け入れ側」双方の問題があると考えている。

「送り出し側」では、福祉事務所職員の意識や人的体制に問題がある。

私は、これまで何人もの生活保護利用者から「民間宿泊所やドヤからアパートに移りたい」という相談を受けてきた。ご本人が福祉事務所のケースワーカーと話し合いをする場に同席したことも多いが、ケースワーカーが「もう少し様子（本人の生活状況等）を見させてくれ」と「待った」をかける場面に何度も遭遇した。早期の転宅を認めない理由として、よくあげられるのは、「金銭管理や健康管理などに問題がある」、「アパートに移った場合、家主や隣人とトラブルを起こしかねない」といったことである。

しかし実際には、施設での生活が長引いたとしても、地域での一人暮らしの不安要素が解消されるわけではない。アパート入居後の生活に不安があるのであれば、まずは転宅を認めた上で、地域での生活を支える社会資源につないでいくのが筋であろう。

こうした福祉事務所の対応は、生活保護を利用している当事者の意向を無視するものであり、ケースワーカーへの不信感を増幅させる要因になっている。

貧困問題に取り組む法律家や研究者らでつくる貧困ビジネス対策全国連絡会が2010年に実施した無低や無届け宿泊施設の入所者への聞き取り調査では、当時、施設に入所中の41人に一般住宅への転居希望を聞いている。その結果は、「すぐに転居したい」が73.2%（30人）、「ゆくゆくは転居したい」が22.0%（9人）と、転居を希望する声が圧倒的に多く、「転居したいと思わない」と回答した人は4.8%（2人）しか存在しなかった。

生活保護行政に携わる職員の間では、「まずは施設に入ってもらい、一人暮らしが可能であると判断できた段階で、アパートに移行させる」というステップアップ方式へのこだわりが非常に強い。そこには、「プライバシーが確保され、適切な居住環境の住まいに暮らすことは基本的人権である」という考え方が欠如しており、そのことが生活保護利用者の地域移行を阻害する要因になっている、と私は考えている。

また、もう一つの要因として、近年の生活保護世帯の増加に福祉事務所のケースワーカー数がついていけず、ケースワーカーの過重労働が深刻化していることもあげられる。高齢や障害などの理由により、アパートでの一人暮らしに見守りや支援が必要な生活保護利用者が地域に分散して暮らしているよりも、施設やドヤに集住してくれていた方が「ケースワーカーの負担が少なくてすむ」という意識がどこかで働いているものと思われる。

「受け入れ側」の問題としては、民間賃貸住宅市場における入居差別の問題が指摘できる。特に深刻なのは、高齢者や障害者に対する入居差別だ。

日本賃貸住宅管理協会が2015年に実施した調査では、民間の賃貸住宅の家主の8.7%が単身の高齢者の入居を「拒否している」と回答し、障害者のいる世帯に対しても2.8%が「拒否している」と回答している。また、明確な拒否ではないものの、「拒否感がある」と回答した家主は、高齢者世帯、障害者のいる世帯に対して、それぞれ70.2%と74.2%にのぼる。

拒否する理由としては、「家賃の支払いに対する不安」が61.5%と最も多く、次いで、「居室内での死亡事故等に対する不安」と「他の入居者・近隣住民との協調性に対する不安」が同率（56.9%）となっている。

また本来、こうした低所得者を受け入れるべき公営住宅は都市部での募集倍率が高く、応募を繰り返さないと入れない状況にある。そのため、福祉事務所がアパート入居を認めたとしても、単身の高齢者や障害のある人が入居できる民間賃貸住宅を見つけられない、という問題が発生しているのだ。民間賃貸住宅市場における入居差別が、生活保護利用者を民間宿泊所やドヤに留め置く力として働いているのである。

このように、「送り出し側」、「受け入れ側」双方の問題が生活保護利用者の地域移行を阻害しているのだが、最も根本的な問題は、「送り出し側」の責任主体である生活保護行政と、「受け入れ側」の民間賃貸住宅市場のあり方に責任をもつべき住宅行政の連携がほとんど進んでいない、という点にある。これは国レベルにおいて、厚生労働省と国土交通省の縦割りの問題として現れている。

## 8　ステップアップ方式の限界

いままで見てきたように、路上生活者にとって、生活保護を申請しても、民間の宿泊所やドヤへの入所を事実上、強要され、なかなかアパートに移れないという現状がある。そのため、最初から生活保護の申請をあきらめる人や、施設での集団生活になじめず、施設と路上を往復している人も少なくない。

相談現場では、精神疾患や知的障害、発達障害をかかえる人が施設での環境や人間関係に適応できずに退所した、というケースに遭遇する機会が多い。私が直接、当事者から聞いた話でも、「精神疾患の影響で聴覚が過敏になっている人が、同室の入所者のいびきに耐えられずに自己退所した」、「知的障害のある人が施設内でいじめやたかりの対象になり、ケースワーカーに相談しても対応してくれなかったので、退所した」といった事例が枚挙にいとまがない。また、路上生活歴が長い人のなかには、こうした施設の状況を友人・

知人から聞き、「生活保護は受けたいが、施設には絶対に入りたくない」と語っている人も少なくない。

こうした「施設入所ありき」の対応に対して、2008年以降の生活保護申請支援活動の広がりのなかで、「直アパート」（路上から直接、アパートに入居すること）をめざす動きが広がっていった。具体的には、生活保護の申請と同時にアパート入居に必要な敷金等の一時扶助の申請書も福祉事務所に提出し、早期のアパート入居を求めるのである。「直アパート」のノウハウをまとめた『路上からできる生活保護申請ガイド』は、東京でホームレス支援に取り組む法律家らでつくるホームレス総合相談ネットワークが制作したガイドブックであるが、2009年の初版発売以来、版を重ね、数万部が路上で無償配布されてきた。

この「直アパート」運動に対する対応は、福祉事務所によってまちまちであり、同じ福祉事務所でも担当者によっても温度差が見られることがある。また、申請者自身の状況によっても、一時扶助申請の結果は左右される。一時扶助の支給が認められることによって、数日または数週間でアパートに入居できる例もあれば、金銭管理の問題がある等の理由で却下され、結果的に一定期間、施設での生活を余儀なくさせられることもあるのだ。

「直アパート」運動は、路上生活の当事者が「住まいは基本的な人権である」という考えのもと、みずからの権利としてアパート入居を求める、という点で大きな意義があり、ステップアップ方式に風穴を開けることはできたが、福祉事務所全体の発想を転換させるまでには至っていないと言えよう。

過去10年、着実に減少してきた路上生活者数が近年、下げ止まりの状況になっている背景には、依然として「施設入所ありき」の行政対応があるのだ。

行政が本気でホームレス問題を解決したいのであれば、ステップアップ方式の限界という現実を直視する必要がある。その上で、欧米で成功しているハウジングファースト方式を本格的に導入すべきだ。

私が代表理事を務める一般社団法人つくろい東京ファンドは、都内の複数の団体と共にハウジングファースト方式のホームレス支援を東京で実現するため、パイロット事業「ハウジングファースト東京プロジェクト」を展開している。つくろい東京ファンドの居住支援活動については、第７章を参照されたい。

**参考文献**

特定非営利活動法人ホームレス支援全国ネットワーク、広義のホームレスの実態と支援策に関する調査検討委員会（2011）『広義ホームレスの可視化と支援策に関する調査報告書』

ホームレスの実態に関する全国調査検討会（2012）『平成24年「ホームレスの実態に関する全国調査検討会」報告書』

ハウジング・ファースト研究会（中島明子・阪東美智子・大崎元・丸山豊・安江鈴子）（2013）『東京都ホームレス地域生活移行支援事業 2004-2009』

山田壮志郎（2016）『無料低額宿泊所の研究』明石書店

第4章

# 貧困ビジネス施設の実態

吉田 涼

## 1 無料低額宿泊所A

「路上で生活するよりはマシ。ここにいれば雨にも濡れないし、毎日3食食べられるし。ここを出されたら行く場所もないから、おとなしくしているしかないよ」。

そう話す男性が入所しているのは、東京都内の無料低額宿泊所Aである。ここで暮らす利用者の多くは、一時期の路上生活を経て、福祉事務所で生活保護申請してこれらの施設を利用している高齢者で、ほぼ全員が生活保護を受給している。彼らのなかには軽度の知的障害や依存症などの精神疾患、対人関係の問題をかかえている者も少なくない。また、過去に利用していた施設を強制退所させられた経験をもつ利用者も珍しくなく、冒頭の男性のように、「ここ以外に行き場がない」と頭をかかえる利用者も数多い。利用者のそのような認識や状況を、施設職員も把握している。

私は、無料低額宿泊所Aに非常勤指導員という立場で勤めていた。5階建てのその施設は、1階が食事スペースになっており、食事以外の時間はテレビを見たり他の利用者と話をしたりする場として使われている。2階から5階が居室フロアとなっているが、床面積89.95㎡の各階には二段ベッドが12台ずつ設置されている。1フロアあたり最大24名が収容できるその空間には、利用者間を遮(さえぎ)る壁が1枚もない。ベッドとベッドは1m弱の隙間を隔てて並べられているが、利用者のプライバシーへの配慮として設置されているのは二段ベッドに直接取り付けられたカーテンのみである。

人としての尊厳が大切にされているとは決して言えないような環境下での生活を強いられている者たちが存在するという事実が、私には衝撃的だった。

## 2　東京都が定めるガイドライン

東京都には、無料低額宿泊所の適切な施設運営を目的としたガイドラインが存在する。ホームレス状態の人が増加し、それに伴う形で無料低額宿泊所が増加してきたことを受け、1999年に全国に先駆けて制定された。

その後、民間事業者の参入によって宿泊所数の増加は加速したが、一部に無料低額宿泊所ビジネスを営む施設も出てきたため、無料低額宿泊所のより適切な施設運営を確保する目的で、2003年に従来のガイドラインを全面的に改正した「宿泊所設置運営指導指針」（以下、「指針」とする）が制定された。翌2004年には、その一部が改正されている。そして2014年8月1日、横行する無料低額宿泊所ビジネスの被害増大という背景から、宿泊所事業運営のより一層の適正化を図ることを目的として、再度、指針が改正された。

2003年に東京都が定めた指針には、5つの狙いがあった。①建築基準法・消防法の基準遵守、②最低居室面積の確保などによる居住者の環境の向上、③経理状況の公開・明確化、④施設開設時に都に事前相談・事前手続きを行うこと、⑤地域住民の理解を得るように努めること、である。

2014年の改正により、それまでの指針から変更された項目は、3点ある。①居室面積の最低基準は「一人当たり3.3㎡の最低基準、4.95㎡以上の努力義務」であったのが、「一人当たり4.95㎡以上の最低基準（既存施設は経過措置）」に変更。②居室形態は「居室面積の基準を満たせば多人数居室も設置可能」であったのが、「新規開設施設は1居室1世帯（既存施設は努力義務）」となった。③新規開設時の近隣住民対応は「近隣住民の理解を得るよう努める」という努力義務であったのだが、以後は「近隣住民の理解を得た経緯について書面を提出」となり、具体的な取り組みおよびその報告が求められるようになった。

さらに、追加項目として、①未届事業者への届出の催促、②暴力団排除、

③利用料等の情報公開、④利用者の金銭を管理することへの制限、⑤宿泊契約と生活サービス契約の分離、⑥その他（契約内容についての書面を交付・利用料受領時に領収書を交付、空調設備の整備、受動喫煙防止等）の6点が新たに定められた。

### 3　無料低額宿泊所Aの実態

無料低額宿泊所Aの施設運営を東京都の指針に照らし合わせてみると、コンプライアンスに努めていないのは明らかである。たとえば、居室面積に対する収容人数についてであるが、居室フロアの床面積の89.95㎡を1フロアの最大収容人数である24人で割ると、一人当たりの床面積は約3.75㎡であることがわかる。これは指針の「一人当たり4.95㎡以上」という最低基準を満たしていない。

問題点はそれだけではない。この施設では、利用者のプライバシーへの配慮というものを、ほとんど目にすることができない。先に述べたとおり、各階フロアには利用者間を遮る壁が1枚もない。また、利用者が自らの貴重品を管理するために必要な「鍵付きのロッカー」等も存在しない。東京都の指針には、居室の設備基準について「天井まで硬質の壁で区切り、かつ、採光、照明、換気等独立した生活を営むためにふさわしい設備を整備することとする」、「プライバシー及びセキュリティが守られるよう、環境整備に配慮することとする」と定めてあるが、この施設は、そのどちらも満たしていない。無料低額宿泊所Aの問題点は枚挙に暇（いとま）がない。

さて、利用者に対し、このような劣悪な環境下での生活を強いている無料低額宿泊所Aであるが、その利用料はどうか。

私が勤めていた当時（2013年8月～2014年12月）の施設利用料は、1か月あたり総額10万2500円であった。内訳は、居室の家賃相当分とされる「宿泊所利用料」が3万0800円、使用総額を利用人数で割った実費見合い額とされる「光熱水費」が7200円、安否確認および緊急時対応や生活相談料としての「基本サービス費」が1万6500円。ここまでの計5万4500

円が「宿泊契約料」である。そして、「食費」の4万5900円と、下着（上下）や歯磨き粉等「日用品費」の2100円を合計した「生活サービス契約料」が4万8000円。

支給された生活保護費から「宿泊契約料」と「生活サービス契約料」の合算額を差し引くと、利用者の手元に残るのは2万円弱であった。

家賃相当額とされる3万0800円を支払っているにもかかわらず一人当たり3.75㎡の床面積しか確保されていないことや、夜中に3回利用者の足元をライトで照らすだけの行為を「安否確認」と称して1万6500円を徴収すること等々、料金と提供されるサービスの質が見合っていない現状は、まさに「無料低額宿泊所ビジネス」そのものである。

無料低額宿泊所Aにおいて、宿泊契約と生活サービス契約は、2014年7月までは、利用者の意思に関係なく双方同時セットで契約を結ばされていたが、8月の指針改正により、宿泊契約と生活サービス契約は分離することが定められ、生活サービス契約に含まれる食事や日用品の契約は利用者個人の自由とされた。これは、無料低額宿泊所ビジネスでは、高額の「食費」を請求し、実際には低コストの食料品を提供することにより、その差額から利潤を得ていた施設が多数存在していたことへの対応策として定められたものである。

8月1日から、無料低額宿泊所Aでも、両契約の分離が行われた。指針が施行された直後は、ほぼすべての利用者が生活サービス契約を断った。しかし、無料低額宿泊所Aは、宿泊契約に加えて食事と日用品の生活サービス契約を従来通り契約した利用者には、毎週土曜日に果物、毎週日曜日にカップ麺またはインスタントコーヒーを配布するなど、生活サービス契約を結ぶ利用者とそうでない利用者への待遇を差別化していった。そして、この「差別化」は、生活サービス契約を結ばない利用者の「追い出し」へと発展した。

無料低額宿泊所Aを運営する社会福祉法人Bの評議員であり、無料低額宿泊所Aに長年勤務している常勤指導職員は、私との会話のなかで、「こっち（社会福祉法人Bおよび無料低額宿泊所A）だってビジネスでやってるんだ！　儲けが出ない利用者なんか面倒みてらんねえよ！」と発言している。

利用者のなかには、施設職員から「追い出し」のプレッシャーを受けた際、これまで他の施設で問題を起こし、自己退所したり強制退所させられたりしてきた経験等から、無料低額宿泊所Aのほかに行き場がなく、無料低額宿泊所Aでの生活を続けるためには生活サービス契約を結ぶ以外の選択肢を生活保護担当ケースワーカーが提示しえず、しかたなく契約書にサインをする利用者もあった。

指針の文面上、宿泊契約と生活サービス契約は分離され、後者の契約を結ぶことは利用者個人の自由とされたが、施設職員からの不当な圧力により、指針が形骸化している側面もある。

### 4　なぜ、ガイドラインは機能していないのか

ではなぜ、コンプライアンスに努めようとしない施設運営が許容されているのか。その理由として、無料低額宿泊所Aと行政との密接な関係性と、そこに至るまでの歴史的背景が挙げられる。

無料低額宿泊所Aを営む社会福祉法人Bは、その母体であった企業組合Cから分離・独立する形で設置された。企業組合Cは、中高年者を中心とする失業者の働く場づくりを目的として1973年に設立され、2年後の1975年、山谷地区の日雇い労働者のための宿泊施設の運営を東京都から委託され、山谷地域越年越冬対策宿泊援護事業を開始した（ちなみに、その事業として運営された施設は、2008年の年末から年越し派遣村が開設された際、派遣村が撤収された翌2009年1月5日以降の簡易宿泊施設として利用された）。

企業組合Cは、1994年にも宿泊所や緊急避難・自立支援施設を開設した。その後の1998年と1999年にも宿泊所を開設し、2001年にはホームレス自立支援センターを特別区人事・厚生事務組合より運営受託した。そのほかにも複数の宿泊所を開設・運営している。また、東京都港区の就労支援事業・調査訪問体制強化事業や杉並区の自立支援事業、中央区の就労相談支援事業、台東区の就労支援事業を行うなど、生活困窮者支援の現場において行政と強

い関わりをもっている。

一方、社会福祉法人Bは、2005年に企業組合Cから分離して設置された際、ホームレス自立支援センターと無料低額宿泊所Aの運営を企業組合Cから引き継いでいる。翌2006年には、引き継いだホームレス自立支援センターが、開始から5年経過となり満期をもって閉鎖するが、その年から5年間、同じくホームレス自立支援センターである別の施設を運営した。

2008年からは、インターネットカフェや漫画喫茶等で寝泊りしながら不安定な就労に従事する者や離職者に対して、生活支援・居住支援・資金の貸し付けを行い、厚生労働省と連携して行う就労支援等のサポートの実施を目的とした事業の運営を、社会福祉法人Bと企業組合Cが東京都から委託されている。

また、2009年の年末に東京都によって実施された公設派遣村では、社会福祉法人Bがその運営を受託した。社会福祉法人Bも企業組合Cと同様に、東京都や都内各区の行政と密接な関係を築いている。

企業組合Cおよび社会福祉法人Bは、行政との、その強く密接な関係ゆえに、行政によって守られてきたようにさえ思われる。ある政治団体Dは、炊き出しに集まった路上生活者を施設に入所させて、入所者の生活保護費のなかから宿泊費と食費を徴収する方法をとっていた時に、その手法を「生保(生活保護)ビジネス」として批判されたが、東京都は従来からの山谷対策・路上生活者対策において同様の手法をとる企業組合Cを重用していたため、行政による指導が入ることはほとんどなく、むしろ行政の対応の遅れを補うものとして受け止められていた。つまり、悪質な事業運営を行っていた団体があったにもかかわらず、行政はそれを見逃し、それだけでなく、企業組合Cも同様に悪質な事業運営を行っていることを把握しながらも、その後も継続して企業組合Cに事業を委託してきたのである。

社会福祉法人Bのホームページによると、「社会福祉法人Bは、利用者(主に元路上生活者・生活困窮者・生活保護受給者)の意向を尊重し、本人が多様な福祉サービスを総合的に提供されるように創意工夫することを目的として、企業組合Cの福祉事業部が行ってきた事業を分離・独立して設置」された。「高齢化社会への推移とともに増加の傾向をたどる、失業者及び不安定就労者を含む住居喪失等の生活困窮者が、個人の尊厳を保持しつつ自立し安定した地域での生活を営むことができるように、職員一人一人が高い意識を持ち事業の推進を行っていきます。また、事業運営の点検、改善を繰り返し、常に支援の質の向上を図ります。私たちは、利用者に対し真摯に対応し効果的な支援事業を行なうことが、生活困窮者の増加を防ぐ社会の実現に貢献するものと信じて日々の努力を積み重ねてまいります」と、その運営理念を述べている。

社会福祉法人Bによって運営されている無料低額宿泊所Aは、その事業目的を「住宅に困窮している高齢者及び同等の事情を有していると福祉事務所等が認定した方に対して居室、食事、日用品等を提供し、利用者の福祉向上を図る」としている。しかし、私が非常勤指導員として所属していた期間に目にしてきた無料低額宿泊所Aの事業実態は、社会福祉法人Bや無料低額宿泊所Aがうたっている「個人の尊厳保持」や「福祉向上」とは、かけ離れたものであった。

私の経験から確実に言えることは、少なくとも私が勤めていた約1年半の期間、無料低額宿泊所Aでは無料低額宿泊所ビジネスが行われていたということである。

劣悪な環境下でも、利用者の多くは、施設職員に対して文句を言わない。なぜなら、職員と対立し、施設を追い出されることになったら、ほかに行き場がないからである。そのことを職員も把握しており、そこにつけ込む形で利用者に圧力をかけている。私が勤めていた期間、自己退所（福祉や施設に無断で退所すること）して路上に戻っていった、いわゆる「再路上化」をした利用者の数は、ケースワーカーとともに次の施設を探したあとに退所した利用者の数とほぼ同数である。

私が無料低額宿泊所Aの利用者から耳にした言葉、「路上で生活するよりはマシ。ここにいれば雨にも濡れないし、毎日3食食べられるし。ここを出されたら行く場所もないから、おとなしくしているしかないよ」とは、すなわち「悪質な無料低額宿泊所ビジネスの餌食となりながら施設生活を続ける」

か「再路上化する」か、の二つしか選択肢がないことを示している。その二つしか選択肢がない状況のなかで、自己退所していく利用者が多いのは、「再路上化」というきびしい道を利用者がみずから選んでしまうほどに、無料低額宿泊所Ａで行われている支援の質は低劣なものであるということだ。

その一方、再路上化の道を選ぶことなく施設での生活を継続している利用者がいる。無料低額宿泊所Ａの利用者のなかには、入所してから３年以上経過している者が１割以上いる。また、保護された際に、居宅での生活をケースワーカーに希望したにもかかわらず、ケースワーカーから「まずは施設に入所し、その期間にアパートを見つけて、賃貸借契約が成立したあとで居宅での生活に移っていきましょう」と言われたものの、入所から１年以上経過してもアパートに移れずにいる利用者も数多くいる。

無料低額宿泊所Ａは、サービスの提供内容として「生活困窮者への一時的居所の提供」をうたっている。東京都による指針の第８条第１項には「利用者が宿泊所を利用する期間は、原則として１年以内とする」と記されている。利用者が入所している期間、その入所が利用者本人によって希望されたものでないとしても、当然、利用料は発生し、生活保護費のなかから支払われる。ここに「貧困が固定化され、事業者が利益を上げつづける」(注１) という貧困ビジネスの特徴が見られる。

## 5　無料低額宿泊所ビジネスが横行する理由

なぜ、無料低額宿泊所ビジネスはなくならないのか。それは、先に述べた行政と民間事業者の癒着とも取れるような関係が、法令等による規制力の弱体化・形骸化を生みだしたことに関係している。

行政がある民間事業者に対し過度に事業を委託し、その事業者がかかえる利用者が過剰に増えつづけた結果、その事業者に問題が発覚した際に、必要な行政指導を行うことができないという結果を招いた。また、それは当該の事業者のみならず、それと同質の事業運営者に対する行政の規制力も同時に低下させている。

社会福祉法人B、企業組合C、前述の政治団体Dを前身とするNPO法人Eの3事業者が、都内で運営する施設の数は約80である。その最大定員人数は3000人規模になる。仮に、その3事業者に対し行政指導が行われ、事業停止処分になったとすると、そこに入所する膨大な数の利用者が行き場を失うことになる。今となっては、問題事業者に対し即効性のある規制はかけられない状況となってしまった。

誤った政策方針もまた、無料低額宿泊所ビジネスの横行を招く原因となってしまっている。

2002年8月に成立した「ホームレスの自立の支援等に関する特別措置法」では、国の責務としてホームレスの実態に関する全国調査をふまえてホームレスの自立の支援等に関する基本方針を定めることとされた。そのような流れのなかで、2013年に定められた「ホームレスの自立の支援等に関する基本方針」では、「安定した居住の場所の確保」について、「ホームレス対策は、ホームレスが自らの意思で自立して生活できるように支援することが基本であり、ホームレス自立支援事業を通じて就労の機会が確保されること等により、地域社会の中で自立した日常生活を営むことが可能となったホームレスに対して、住居への入居の支援等により、安定した居住の場所を確保することが必要である」と、された。これはすなわち、仕事に就き自立した日常生活が可能となった者に対し居宅への移行を支援するという、従来型のステップアップモデルであった。

しかし、ホームレス状態を経験することによって長期的に心的ストレスにさらされた結果、うつ病や依存症などの精神疾患を発症してしまった人たちのなかには、他者との関係を良好に保つことを苦手としている人も多いという現状がある。

ホームレス状態の人たちに、うつ病などの精神疾患を有する人たちが少なくないことは海外の調査で明らかになっており、わが国でも、限定的ではあるが精神疾患有病率の調査が行われている。その一つが、東京の池袋でホームレス状態の人々の支援活動を行っている特定非営利活動法人TENOHASIによる路上生活者調査結果（注2）である。その結果では、知的機能に中軽度の障がいがあると疑われる人が34％おり、41％の人が何らかの精神疾患をかかえているということがわかっている。ホームレス状態にある人たちの現状を考慮すると、先述の検討会で出された結論からは有効な結果は期待できないと考えられる。

アパートに移行するために、一時的に無料低額宿泊所のような施設での生活を強いられた結果、精神症状が悪化したり、対人関係に苦労したりして施設生活を継続することができず、最終的には路上での生活に戻ってしまうのである。もし、生活保護の利用当初から本人が希望するとおりにアパートで生活することができていたならば、ストレスによる精神症状の悪化や共同生活特有の人間関係の難しさに悩まされることなく、自立への道を歩むことができた可能性もある。日常生活を自立して行い、就労することができた者のみに対してごほうびのように安定した居住場所を与えるという限定的な社会システムが、ホームレス状態の人の自立を妨げてしまっている。そのような既存の社会システムは、施設生活に耐えられなくなった者たちが、無料低額宿泊所ビジネスの魔の手から苦渋の決断の結果、「再路上化」という手段を選択したにもかかわらず、再び彼らが自立へ向けて歩みはじめた時に、またしても通らねばならない試練として彼らを苦しめている。

そもそも、そのような試練など不要なのである。利用者が路上化しても、再度、生活保護を利用すると、無料低額宿泊所のような施設に再入所となる。利用者がたび重なる人権侵害に嫌気がさして施設を出たとしても、路上での生活がきびしい真冬や真夏には、再び生活保護利用を求める機会が増える。しかし、生活保護を利用する彼らの受け入れ先はなく、アパートやその他の施設にもなかなか入ることができない。この状況が、無料低額宿泊所に戻らざるを得ないという状況をつくり出し、そこに、無料低額宿泊所ビジネスがつけ込む隙が生じてしまうのである。

生活保護法における「居宅保護の原則」の不徹底もまた、無料低額宿泊所ビジネスがまん延する一因となっている。

生活保護法第30条には「生活扶助は、被保護者の居宅において行うものとする。ただし、これによることができないとき、これによつては保護の目的を達しがたいとき、又は被保護者が希望したときは、被保護者を救護施設、更生施設若しくはその他の適当な施設に入所させ、若しくはこれらの施設に入所を委託し、又は私人の家庭に養護を委託して行うことができる。」と記されている。いわゆる「居宅保護の原則」である。また、同条第2項には、「前項ただし書の規定は、被保護者の意に反して、入所又は養護を強制することができるものと解釈してはならない。」とも記されており、被保護者が居宅での生活を希望する場合には、アパート等にて生活扶助を受けられることになっている。

しかし、2003年に厚生労働省によって策定された「ホームレスの自立の支援等に関する基本方針（以下、「基本方針」とする）」には、「ホームレスの状況（日常生活管理能力、金銭管理能力等）からみて、直ちに居宅生活を送ることが困難な者」については、「保護施設や無料低額宿泊事業を行う施設等において保護を行う」と定められ、アパート生活が困難と判断されたホームレスを保護施設や無料低額宿泊所に入所させることを国の基本方針とした。そして、ただし書きとして、「この場合、関係機関と連携を図り、居宅生活へ円滑に移行するための支援体制を十分に確保し、就業の機会の確保、療養指導、金銭管理等の必要な支援を行う」として、無料低額宿泊所からアパートに移行するための支援体制確保の必要性もうたっている。文面上では、生活保護法の「居宅保護の原則」とも整合性が保たれた形となっているわけげある。

しかし、厚生労働省によると、2012年時点においてケースワーカー一人当たりの受け持ち件数は平均93世帯となっており、社会福祉法で定める標準設置数の「80世帯」を大きく上回っている。そのようなマンパワー不足の状態は、必要なケアに手が回らず、無料低額宿泊所から居宅生活への移行が思うように進められないという問題を生み出してしまっている。このことも、生活保護法における居宅保護の原則が徹底されない現状を招いている。

居宅保護の原則が徹底されていないことには、公的住宅の不足も関連している。住宅に困窮する低額所得者に対して低廉な家賃で住宅を賃貸することを目的とした公営住宅であるが、まさに「住宅に困窮」しているホームレス状態の人のもとに届いていないという現状がある。その応募倍率は、2014年度で全国平均 5.8 倍、東京都 22.8 倍と非常に高い（注3）。公営住宅の絶対数が圧倒的に不足してしまっている。

## 6　最後に

これまで、実にさまざまな要因からホームレス状態の人々の権利が侵害されつづけていることを述べてきた。

日本国憲法の第 25 条には「生存権及び国民生活の社会的進歩向上に努める国の義務」として、「すべて国民は、健康で文化的な最低限度の生活を営む権利を有する。国は、すべての生活部面について、社会福祉、社会保障及び公衆衛生の向上及び増進に努めなければならない。」と規定されている。だとすれば、健康で文化的な最低限度の生活を営むために「安心できる住まいが欲しい」という欲求は国民の正当な権利であり、それを国が保障することは当然のことである。

しかし、公的な住宅福祉政策の「貧困」から住まいに困窮する国民が生じ、生活困窮者がいだくそうしたニーズを、無料低額宿泊所ビジネス業者は悪用している。貧困ビジネスは、行政サービスの不足部分につけ込むことによって利益を出し、貧困ビジネスの一種である無料低額宿泊所ビジネスも、もちろん例外ではない。であれば、批判の矛先は、個々の事業者だけでなく、こうした事業者を存在させる温床となっている社会の構造にも向けられなければならない。

無料低額宿泊所を営むすべての施設で悪質な運営が行われているわけではない。だが、こうしている今も、一部の施設や路上でホームレス状態の人々の人権が侵害されつづけていることは事実である。「必要悪」とも言われるそのような状況に対し、私は強い違和感を覚える。必要とされるがゆえに、そこに見られる悪に目をつぶることは、その悪によって苦しめられる人々を生みつづける。誰かがそのような現実に終止符を打たなければならないし、われわれに何かできることはないかと、思考をめぐらせなければならないとも思う。

私が無料低額宿泊所Aに勤務していたとき、日常生活の不安や路上生活の困難さ、かかえつづけている生きづらさなど、さまざまなお話を聞かせてくださった利用者の方々に感謝する。みなさまの苦労が報われることを祈りたい。無料低額宿泊所Aをはじめとする無料低額宿泊所ビジネスを営んでいる施設の利用者が、一刻も早くより良い生活を築かれることを、生活困窮の状態にある方々の権利と尊厳が守られることを、心から願う。

**注**

1 貧困ビジネスという言葉の生みの親である湯浅誠は、2010年4月12日に開催された日本弁護士連合会のシンポジウム「貧困ビジネス被害を考える―被害現場からの連続報告」において、貧困ビジネスとは「貧困層をターゲットとしていて、かつ貧困からの脱却に資することなく、貧困を固定化するビジネス」と述べている。また湯浅は、著書の『貧困襲来』(山吹書店、2007年)の中では、貧困ビジネスを「誰にも頼れなくなった存在の、その寄る辺なさにつけ込んで、利潤をあげるビジネス」と書いている。

2 奥田浩二、他「ホームレス状態にある市民を理解し支援するために」『ホームレスと社会』Vol.3、2010年。

3 国土交通省資料。

第5章

# 「自分の部屋が欲しい」―かなえてあげられなかったあなたへ

小林美穂子

2015年1月2日、キリッと澄んだ空気が青空を背景にした富士を浮き上がらせていた日、私は神楽坂からほど近い警察署で、石みたいに冷たくなって横たわる阿部さん（仮名）の傍らで途方にくれていた。相反する気持ちが次々と湧いてきてうまく処理ができずに、最終的に口から出た言葉は「あやまらないからね」だった。「何で死んじゃうのよ」と責めたい反面、本当は心のどこかでそうなることが予想できてもいた。その証拠に、その朝、彼が住んでいたゲストハウスの管理人からの携帯電話が鳴った時、私は新年のあいさつをしていない。

「アパートに入りたい」。泣きそうな顔で訴えた彼の切実な願いをかなえてあげられないまま死なせてしまった。私はどうすればよかったのだろう。励まし、慰めてくれる優しい友人や仲間たちの言葉を、心のなかではすべて固辞し、私は私なりに考えて、考えて、模索して、その結果、ハウジングファーストという支援プログラムにたどり着いた。

## 1　生活保護のヘビーユーザー阿部さんとの出会い

私が当時勤めていたNPO法人自立生活サポートセンター・もやい（以下、〈もやい〉）に、阿部さん（当時65歳）が初めてやって来たのは、2013年1月のことだった。彼は、2011年の夏に上野公園で野宿をしていたところを、手配師に声を掛けられ、そのまま連れていかれた施設に入所し、東京都A市で生活保護を受けるようになった。就労に意欲的で、生活保護を受給しながら清掃業に就くも、現場で突然意識を失ったりするために解雇されてしまい仕事が続かない。昏倒（こんとう）する理由を、本人は「メニエール病」のためだと言った。過去にそのように診断されたことがある。

相談内容は、施設からの立ち退きを迫られているのでアパートに移りたいというものだった。私たちは、よくあるケースだと判断し、アパート転宅のための一時扶助申請書をA市の福祉事務所に提出することを阿部さんに勧め、用紙に必要事項を記入した上で彼に渡した。

とりあえずは提出すればよい話だったので、同行する必要は特にないと団体内で判断がされ、他の類似したケース同様、転宅費の一時扶助申請が審査を通らなかった場合は、そこで交渉のお手伝いをするつもりでいた。

この時、私たちは彼の困難度をまったく把握できていなかった。相手を楽しませようと、ときどき冗談やお世辞を言うほどにコミュニケーション能力は高かったし、酒もタバコもやらない、ギャンブルとも無縁、几帳面で金銭管理もまったく問題がなかった。1か月後には福祉事務所から転宅許可が出て、アパートでの生活に入れるだろう、そう思っていた。

しかし、そうはならなかった。

翌月の2月19日、〈もやい〉に来所した阿部さんは、上野公園に戻っていた。彼はそもそも一時扶助申請書を提出しておらず、施設を無断で出てしまっていた。生活保護は失踪を理由に廃止になっていた。

とにかく生活保護が続かない人だった。

私が知るだけでも、阿部さんはあちこちの自治体で生活保護を受給しては役所に紹介された施設に入所し、そして飛び出すということを繰り返していた。

阿部さんの生活が安定しない最大の理由は、住所不定者が生活保護を申請した際に福祉事務所から紹介される一時待機の施設にあった。首都圏では最低限の清潔さを保ち、プライバシーが守られるような施設は少ない。特に、路上からの申請者には、貧困ビジネスと呼ばれる評判の悪い無料低額宿泊所―よくて二人部屋、悪ければ20人が雑居する人間トラブルの温床のような施設―に入所させられることが多い（最近は個室を持つ施設も増えていると聞くが…）。こういった施設が貧困ビジネスと呼ばれる所以は、決して快適とはいえない住環境に加え、住居費、食事代、管理代などが入所者の生活保護費から差し引かれ、ほとんど受給者本人の手元には残らないビジネス構造にある。

阿部さんの過去の記録を見ても、比較的長く続いたところは、契約内容にいろいろ問題のある民間団体が経営してはいるものの、まがりなりにも個室でプライバシーが保たれる施設であることがわかる。複数人で部屋をシェアするタイプの無料低額宿泊所に入った場合は、例外なく短期間で失踪している。

集団生活を強いられる施設での生活を、阿部さんは嫌っていた。本人は、何とかなじもう、なじもう、と気をつかうのだが、いじめられたりお金をたかられたりするようになるまでに時間はかからない。タバコ銭をせびられ、食事を横取りされたりする。しだいに追いつめられ、施設を出て路上へ戻ってしまうのだった。

これは阿部さんだけの問題ではない。集団生活が苦手な人はいくらでもいるし、むしろ、得意だという人を見つけるほうが難しい。だって考えてほしい。いい年をした大人が、年代もバックグラウンドも疾病も、何もかも異なる見知らぬ人たちと狭い部屋で共同生活を強いられるのである。貴重品を入れておく鍵のかかるロッカーや金庫なんてない。貴重品は胸に抱いて寝るのだ。弱ければイジメと搾取の対象となる。ケンカも暴力もある。まれに死者も出る。与えられる食事は冷えた揚げ物やカップラーメンが多く、健康的とはとてもいいがたい。その食事すら他者にかすめ取られてしまうような場所だったら、私だったら一日といられないだろう。

「ぜいたく言うな、路上で寝るよりマシだろう」というのが日本の福祉の考え方だとしたら、この国の社会保障はあまりにもお粗末だし、人権の観点から考慮しても絶望的だ。

阿部さんのように生活保護が長続きしない人を福祉事務所は嫌う。

私が生活保護の申請同行をした福祉事務所では、阿部さんはベテランの相談員に「福祉を食い物にする、ならず者」扱いをされ、大きな声で叱責された。阿部さんはもともと小さいその体をさらに縮め、苦しそうに顔をゆがめていた。激しい叱責は私が音声を録音しようとiPhone（アイフォン）を操作するまで続いた。私は阿部さんが集団生活には向かないことを熱心に伝え、やっと個室のゲストハウスに入所が決まった。

阿部さんはこれまで何度も福祉事務所の窓口を訪れ、生活保護にもつながっている。それなのになぜ続かなかったのか。外からは見えにくい彼の生きづらさや困難を説明するには、彼の人生をさかのぼる必要がある。私が知り得ることができた彼の人生のほんの一部をここで紹介したい。

## 2　物心ついたころから働いて、働いて

阿部さんは1950年に東北のある村で生まれた。家族6人で暮らしていたが、3歳の時に母親が亡くなる。味噌樽に腰かけをつくっただけの座棺に入れられた母親が運ばれて行く光景が、幼い阿部さんの脳裏に焼き付いた。

6歳になった時、遠い親戚の紹介で働き手として養子に出される。きょうだいたちも同じころ、別の養子先にそれぞれ送られていった。

養子先の家は、山の伐採、酪農、農業などを手広く手がけていた。阿部さんはそこで、毎日、夜明けとともに家畜のエサとなる草刈りをし、馬、牛、ヤギ、ヒツジに与えた。寒さがきびしい冬の間は、固い干しワラを細かく刻む作業に追われた。早朝から晩まで、家畜の世話や農業の手伝いに明け暮れ、小学校にもろくに行けず、雨が降った時だけ学校に行くことを許された。

学校へは、ブリキ缶の弁当箱にご飯と味噌を少々詰めたものを持たされた。家での食事にしても、自分の食事だけ粗末で他の家族は良いものを食べていた、と阿部さんは苦々しそうに振り返る。栄養状態が悪かったせいか、阿部さんは体がとても小さい。阿部さんの死後、お会いしたお姉さんはさらに二

回りほど小さかった。

やがて、養子先の家の長男が結婚した。子どもが生まれると、阿部さんの仕事に子守りが加わった。凍てつく小川でおしめを洗うのがつらかった。言うことを聞かなかったり、失敗をしたりすれば、容赦なく殴られた。幼い阿部さんは失敗をたくさんし、毎日のように殴られて幼少期を過ごした。殴られたせいで、阿部さんは片耳がほとんど聞こえない。

1983年に放映されたNHKの連続テレビ小説『おしん』を視た時の気持ちを、阿部さんは言葉にうまく表せなかった。シャツの胸の部分をつかみ、「ここがギューっとなっちゃう」と顔をしかめた。阿部さんは、テレビの中のおしんに、幼かったころの自分を、そしてきょうだいを重ねていた。

いちばんの楽しみはお正月。その時だけは、養子先の家族が30円の小遣いをくれた。そのお金で「ぺったん（めんこ）」を買うのがうれしくてたまらなかった。ラムネの中のガラス玉を集めて遊んだりもした。

### 3　仕事が途絶えて路上に

小学校を卒業したあと、中学に入学はしたものの、一日も通ってはいない。村の出稼ぎ団に加わって故郷を離れたからだ。13歳の阿部さんは、村の人たちと一緒に各地を巡り、大人に混じって汗を流して働いた。

1972年、あさま山荘事件が日本中の人々をテレビの前に釘づけにした年、20代前半だった阿部さんは出稼ぎ団の一員としてついに上京した。高度経済成長期時代の建築現場などで身を粉にして働いた。アスベストにまみれ、時には九死に一生を得るほどの大ケガもした。

数年後、関西の紡績会社に職を得る。仕事に慣れない最初のうちは完成品などの洗浄を担当していたが、しだいに機械にも慣れ、修繕などを任されることもあった。4年働いたのち、今度は温泉掘削関係の建築会社で働いた。仕事で全国各地の温泉地を転々と渡り歩いた。

建築会社の仕事を辞めたあとは、神奈川県B市で会社の借り上げアパート暮らしをしながら型枠解体の仕事をした。型枠解体は慣れた仕事だったし、アパート生活にも満足していたが、2年ほど経った時に、社長から「若い人がほしいから」と首を切られた。

この雇い止めをきっかけに、それまである程度は安定していた阿部さんの生活が崩れはじめる。会社のアパートを出た阿部さんは、B市のドヤで暮らしながら自動車部品の下請け工場で部品をつくったり、鉄の原料を輸出する会社で作業をしたり、型枠解体などの日雇い労働に明け暮れたが、仕事がだんだんと途切れるようになると、ドヤの家賃が払えなくなり、ついにはB市の駅裏の公園で路上生活を始めることとなる。

公園で寝ていると、役所の人やホームレス支援団体に声を掛けられた。そこから初めての生活保護を受給するようになり、無料低額宿泊所に入所する。しかし、そこでの人間関係になじめず、生活保護→日雇いに戻る→仕事が途切れドヤ代が払えない→路上に戻る、を繰り返し、先に述べたような、福祉事務所と路上を行き来する不安定きわまりない日々が始まる。

## 4　病歴や困難の数々

過酷な幼少時代を過ごした阿部さんは、先天的か、あるいは必要な教育を受けられなかったせいか、識字困難をかかえていた。それでも生きてきた過程で自分なりに覚えたのだろう、独特の言語と文字でたくさんの手紙を書いては私たちに窮状を伝えつづけた。

曜日や時間の認識も独特だった。毎週火曜日に開催される相談日には来ず、相談所が閉まっている日に限って、郵便受けに「たしけてください」とメモや手紙が入っていた。慣れるまで、判読には苦労した。また、せっかく火曜日に来てくれたのはいいが、惜しいことに朝5時という早さで、入り口に鍵が掛かっているのを見て「休み」と判断し、あきらめて帰ってしまったこともある。

メニエール病のせいだと阿部さんは言っていたが、時々意識を失って昏倒するのは別の理由がありそうだった。30代のころから幻視、幻聴は始まっていた。幼いころに殴られすぎたせいか、片方の耳が聞こえなかった。

PTSD（心的外傷後ストレス障害）もあった。道を曲がる時に指さし確認を怠らない、優先席には絶対に座らないなどの潔癖さは発達障害を疑わせた。

生活保護の申請後、本人がずっと気にしていた鼠蹊部のたまご大のデキモノは、千葉の個人病院を３度受診して、そのたびに同じ腫れ止めの薬が処方されていたが、東京で生活保護を申請したあとに受けた検査で「悪性リンパ腫 stage.3」であることが判明した。悪性腫瘍はリンパ腺を通って腋下、心臓、肺周辺、そして口の中にまで転移していて、CT 画像に写されたガンを示す黒点は、阿部さんの体を真っ黒にしていた。

千葉の病院では触診も視診も行われなかったそうだから、コミュニケーションが苦手な阿部さんがうまく伝えられなかったか、あるいは病院側が生活保護受給者で知的障害が疑われる彼を軽んじたか、もしくは両方だったかと思われる。

検査をした病院で、阿部さんは R-CHOP 療法という、抗がん剤とステロイド、リツキサン（抗体療法）による治療をすることになった。投与中の２週間は入院し、そのあと１週間は退院するというサイクルを６回ほど繰り返す治療だが、阿部さんは何とかこれを完了し、腫瘍も肉眼では見えないくらいに小さくなった。そのころには前立腺癌も新たに見つかっていたのだが、入院時に幻視を見て大暴れしてしまったり、退院後にも連日、入院病棟を訪れて大声を出したりしていたために、病院を出入り禁止になってしまう。

阿部さんは、病院のシステムがまったく理解できないようだった。

## 5　使えるはずの制度が使えない

本来、阿部さんのように知的障害があれば療育手帳（東京都での呼び方）を、精神疾患が認められれば精神障害者保健福祉手帳といった障害者手帳を持つことができ、それにより訪問看護やヘルパーなど使える制度が増えるはずである。しかし、彼はいずれも取得したことがなかった。

私は、彼が当然持つべき手帳を取得すべく何度も役所にかけあったが、若い担当者は、「阿部さんはしっかりしている。どこにも問題はない」の一点張り。しかたがないので私が阿部さんを連れ、精神科病院を訪ねた。

知的か精神の手帳を取得するための検査をしてもらうことが目的だったが、脳のCT、問診、脳波の検査をしたところ、まったく予想もしていない診断結果が出てしまう。

「レビー小体型認知症中期」。

思い返してみれば、そのころの阿部さんは問題行動が増えていた。彼が滞在していた個室のゲストハウスのささいなことに我慢ができなくなっていたり、他の入居者とトラブルも起こしていた。買い物帰りの阿部さんに道で出会って、何を買ってきたのか尋ねたら、レジ袋からむき出しの包丁が出てきてギョッとしたこともあった。以前、阿部さんが部屋の棚にこしらえた手づくりの仏壇がいつの間に消えていて、尋ねても「なんのこと？」とけげんな顔をされたこともあった。

早急に介護保険の要介護認定取得のために舵を切ることとなった。私は、福祉事務所にあてて意見書を送ってくれるよう、病院に依頼した。すぐに病院から意見書が送られ、さすがに今度ばかりはケースワーカーも介護認定取得のために動いた。

その間にも、デイサービスなどの地域支援につなごうと思い、地域包括支援センターのケアマネジャーを阿部さんに引き合わせた。阿部さんは、いくつかの候補のなかから1か所の通所施設を選んだものの、当日になってなぜかドタキャンしてしまい、通所は1度も実現しなかった。

リンパ腫と前立腺ガンの治療のための通院付き添いも頼みたかったが、「付き添い」は支援のメニューになかった。

## 6　阿部さんの死

生活保護を申請してから1年近く、個室のゲストハウスに入居していた阿部さんは、しだいにキッチンやトイレで顔を合わせる他の居住者たちを煩わしく思うようになり、アパートに移りたいと訴えることが増えていた。

私は、阿部さんが入院していたころに、退院したあとは、そのころ開設したばかりの「つくろい東京ファンド」の個室に入らないかと説得を重ねていたのだが、当時の彼はゲストハウスに戻りたがった。その後、彼がゲストハウスに居づらくなったころには、「つくろい」の部屋はすっかり埋まっていた。ならば、一日も早いゲストハウス→アパートへの転宅を目指すべく何らかの手帳を取得したかったのだが、認知症中期の診断が出たあと、はたして彼をアパートで独り暮らしさせて大丈夫なのか、自信をもてなくなってしまった。どんな支援に、どのようにつなげたらよいか、わからず、また待ち伏せや一日に何度も何度もかかってくる電話に疲弊してしまい、福祉事務所の担当ケースワーカーにケア付き老人ホームを探してくれるよう依頼して、私自身は阿部さんと距離を置きはじめていた。距離を置くと、阿部さんからの連絡もふっつりと途絶えた。代わりに休日だろうと閉庁時間だろうと毎日のように福祉事務所を訪ねているようだった。

そんな時に入ってきた突然の訃報（ふほう）だった。

ゲストハウスの管理人によれば、12月初めころから阿部さんを見かけなくなったのだという。心配になったころ、練馬の警察署から「阿部さんという人が所持金尽きて困っている」と電話がゲストハウスにあった。安宿を転々としていたらしい阿部さんは、管理人に促され12月30日にゲストハウスに戻ってきた。

元旦の夜、入所者の一人に誘われ、談話スペースでみんなとお雑煮を食べたあと、そのままそこのソファで横になった。「部屋で寝ないと風邪ひくよ」と声を掛けられ、入所者たちがそれぞれの部屋に戻っても、阿部さんは残っていた。そして翌朝、息をしていないところを発見され、救急搬送をされたのである。死因は肺炎ということになっているが、実際のところは不明である。

## 7　私たちはどうすればよかったか

正直、今でも私はよくわからない。

どのように阿部さんにかかわるべきだったか、どうしたら彼の希望に沿えたか。

一つだけ明確になったのは、生活保護申請の同行支援をするだけではまったく足りないのだということ。阿部さんは、たしかに私たちが想像した以上に深刻な困難を多くかかえていたが、それは困難が生じた初期段階でまったく対処されてこなかったからである。最初のうちこそ小さかった困難は、放置され続けた結果、解決不能なほどの大きさになって阿部さんにのしかかった。

福祉事務所は、阿部さんが最初に助けを求めた数年前に、きちんとしたケースワークをする必要があった。彼のもつ障害や困難を特定し、本来であれば幼少期に取得していて然るべきだった手帳の取得を段取りし、医療や制度につなげる必要があった。また、医療者たちは、根気の要る仕事かもしれないが、一般患者と同等の診察、治療をするべきだった。はっきり言って当たり前のことである。そして、私たち「支援者」と呼ばれる民間の相談窓口業務を行う者の反省としては、彼の困難やニーズの把握までに時間がかかりすぎたことが挙げられる。時間がかかりすぎ、その間に彼にたくさん失敗をさせてしまった。失敗の積み重ねは阿部さんからどんどん希望を奪った。

「ハウジングファースト」ならば、阿部さんにも機能したのではないかと思うのだ。もちろん、それは認知症を発症する以前と仮定する必要があるが。(認知症発症後もサポート体制さえ万全であれば、地域で単身生活を送ることも可能かもしれないが、私個人はよく知らないので今回は触れない。)

支援者は安心して住めるアパートを探すところから付き添い、部屋が決まったあとにもサポートを継続させる。阿部さんは生活能力は高いほうだったので掃除や金銭管理のサポートは不要としても、服薬管理や社会システムなどを根気よく説明する手伝いや、病院への付き添い、よろず困りごと相談などを続けていれば、きっと地域に根付いたはずだ。生きていく上でわからないことがたくさんあった彼には、常に相談できる人たちがすぐ近くにいて、ひんぱんに会えることがとても重要だった。その安心は、彼の精神症状を和らげもしただろう。明るくてきれい好きで真面目な彼は、地域に顔見知りもできただろう。

阿部さんは死んでしまった。

一時的に安置されていた警察署で、私はやり場のない怒りで頭の中を混乱させながら、阿部さんの遺体を見つめていた。「あやまらないからね」と一言だけ漏れた自分の言葉が、自責の念によるものか、開き直りだったのか今でもわからない。

だけど、私は阿部さんにあやまらない代わりに、阿部さんのような思いをする人を一人でも減らせるようにしよう、そのために尽力するのだと誓った。そして、現場で働きながら、夜回りでいろんな人に出会いながら、他団体の人たちと情報共有し、海外記事に触れ、そしてなにより「つくろい東京ファンド」でハウジングファースト型の支援とその進捗、実績を見ながら自信を固めた。トラウマなどによる重い精神疾患や依存症、知的障害など、困難度合いがとても高い人たちが路上に取り残されている今、集団生活を強いる施設に入所し、困難を克服してからアパート、というような従来のステップアップ方式はもう機能しない。ハウジングファースト方式が万能というわけではないが、現状維持では日本のホームレス問題はぜったいに解決しない。

## 8　手さぐりで道を探しながら

アメリカで始まり、今や世界中で実践されて目覚ましい効果を発揮している「ハウジングファースト」だが、この手法には住まいを提供したあとのきめ細やかなサポートが必要不可欠となり、その人件費や経費などは行政からの補助金により可能となっている。

しかし、日本ではまだ認知されていない手法であるため、「ハウジングファースト」の実践はボランティアによってまかなわれていることも多い。人手は常に大幅に足りず、スタッフへの負荷は集中する。

対人援助にはこれといった正解があるわけでもないし、従来のソーシャルワークのノウハウが今の時代やすべてのケースに合致しているとも限らない。「ハウジングファースト」を実践する上での基本理念は確立されているものの、個人の裁量で判断したり行動したりする必要にたびたび迫られる。

「ハウジングファースト」は、既存の制度や支援方法では解決できなかった慢性的ホームレスの人々に適用されて効果を発揮した手法である。つまり、重い精神疾患や障害、依存症をかかえた人を対象にしていることが多い。既存の制度につなげ、経済基盤だけ整えたところで利用者の生きづらさは解決されないだろう。また、従来のソーシャルワークの原則「支援者と利用者は一定の距離感を保つ」にとらわれすぎていても、結果にはつながらない。

とは言え、人の命にかかわることである。いわゆる「支援者」がとりかえしのつかない失敗をしないためにはどうしたらいいのだろうか。阿部さんを失った私は常に自分に問いつづけている。

## 9　つながりの中で生きる

結局は人と人との関係性が肝(きも)なのではないかと感じている。「どんなことがあっても、その人を見放さない」「その人がどんな人であっても、嫌いにならない」。そのために私たちは必要とあれば一歩も二歩も踏み込んだり、時には退いたりしながら、その人から必要とされる限り伴走する。病気や依存症が重ければ重いほど、リカバリーには時間がかかるだろう。何年も何十年も、その人が生きてきた年数以上かかるかもしれないし、それだけかけても、その人の生きづらさは変わらないかもしれない。だけど、利用者さんが自分だけのアパートの部屋に入り、鍵を持ち、所持品や家具を増やし、自分だけの居場所を安全で心地よいものにしていき、地域で孤立しなければ、そこから出ていく必要はなくなる。

その人にとって大事なものをどれだけ増やせるかにかかっているのだと思う。大事なものの一つひとつがその人をその場所につなぎとめるから。安心で居心地の良い部屋、テレビやパソコン、本、お気に入りのものなど、替えがきくものもそうだが、それ以上に得難いのは人との関係である。部屋という拠点ができ、その拠点に知り合いが増える。支援者はいつでもそばにいて良好な関係を築いている。行きつけの店ができた。あいさつをする隣人ができた。気に入りの銭湯がある。友達ができる。こうした大事なものを、一つひとつ時間をかけながら増やしていけば、その人はその地域で生きる理由を得る。

だが、複合的な困難をかかえる人、その困難度合いが深く、手厚いサポートがなければ生きることが難しい人ほど、支援やつながりを自分から断ち切って孤立してしまうことがある。阿部さんもその一人だったが、そういう人とどうやってつながり続けるかは、いまだに課題である。

### 10　支援者側に必要とされること
### ―己の胸の奥底の、痛い部分から目を背けない覚悟

私たち、いわゆる「支援者」は、固定概念にも先入観にもとらわれずに相談者と対話する必要がある。と、偉そうなことを書いている自分も、自分のフィルターを通してものごとを判断したり、無意識に過去の類似ケースにあてはめて自分なりに相手を理解しようとする癖が抜けない。しかし、私たち一人ひとりが経験したこと、知っていることなんてたかが知れている。人は一人ひとりみんな違うのだから、カテゴリーにあてはめる時点で大切な情報を見落としてしまう可能性がある。

そして、対人援助職に就く人の誰もに共通していることだと思うが、自己との対話を続けることの大切さを痛感している。

なぜこのように感じるのか、なぜこの人が気になるのか／またはならないのか、なぜこの方法をとったのか、自分の価値観が反映されていなかったか、押し付けがなかったか、決めつけていないか、自分を相手に投影していないか、そして何より、自分の優越感のための支援になっていないか。そもそも

自分はどうして「支援」に携わっているのか、自分が正しいと信じていることは本当に正しいのだろうか？　自分の言動、一挙一動を自己観察し、自分との対話をしつづけること、それこそが私たちに課せられていると考える。誰もがもっとも見たくない己の胸の奥底の、とてもとても痛い部分から目を背(そむ)けない覚悟。

阿部さんが亡くなって3年がたつ。

彼は最も恋しがっていた「かあちゃん」が眠る墓に入り、死んで初めてひとりぼっちではなくなった。私は彼が生きている間に何一つ希望をかなえてあげることができなかった。彼にかなえてあげられなかった「住まい」や「その後のサポート」を一人でも多くの人に提供できるよう、少しでもましな仕事ができるよう、悩みつづけながら歩く私を、阿部さんにはずっと見ていてほしいと思う。

＊　本稿は、賃金と社会保障2016年2月下旬号に掲載された拙稿「こんなバカでしいません」を加筆・修正したものです。阿部さんをさらに詳しく知りたい方はご参考にしてください。

第6章

# ハウジングファーストの人間観と支援アプローチ

小川芳範

## はじめに

ハウジングファースト（Housing First、以下「HF」と略記）とは、重篤な精神疾患（と依存症）をかかえながら長期間にわたってホームレス状態にある人たち、いわゆる慢性的ホームレス者へのアプローチとして、1990年代初めにアメリカで提唱され、その後、北米および欧州で広く採用されている支援モデルである。まず住まいを提供し、その上で、精神ならびに身体の健康、依存症治療、教育、就労などの各分野における支援サービスを包括的に提供するという、HFの内容はいたって単純である。しかし、それは精神保健福祉ならびにホームレス者支援サービスに大きな変革をもたらした。

HFは、従来の保護主義的思考とその具現化であるステップアップ方式（シェルター、グループホーム、精神科病院などで、一定期間、治療や生活訓練を受けたあと、はじめてアパートへという支援方式）と決別し、住まいと支援サービスの独立性をキーコンセプトとして、徹頭徹尾、利用者の自己決定と自己選択によって支援サービスを提供する。その意味において、HFは、1960年代に端を発し現在へとつながる消費者主権の概念、そしてより狭義には、障がい者の自立生活運動などの思想文脈のうちに位置づけうる考えであり、これが自然成長的にホームレス支援にまで拡大されたものとも言える。したがって、福祉サービスにおける「措置から利用へ」という大きな転換を経験した今なお、「ホームレス問題」を旧態依然たる「措置」のタームで理解し対応している人たちの目から見られるならば、HFの考えにアメリカ流の行き過ぎた自由至上主義（リバータリアニズム）、消費者主義（コンシューマリズム）を指摘し非難するのは容易かもしれない。しかし、HFを動機づけているのは、精神疾患と依存症という複合的困難をかかえながらホームレス状態で生きる人に対する道徳的判断を排し、安心できる環境とケアを提供しつづけること、そうすることで健康へのダメージを少しでも軽減し、その上で内発的な行動変容が萌（きざ）すのを忍耐強く待とうという、きわめて人道的かつ合理的でプラグマティックな考え方であることが見てとられるべきである。

じっさい、HFの中心には、人に備わる回復力、復元力に対する絶対的な信頼、そして、一人ひとりの利用者に対する共感と深い敬意がある。かくして、HFにおいて、ハームリダクション（薬物使用や飲酒などにより引き起こされる害の軽減を目的とし、かならずしもそうした行為自体の断絶を主目的としないアプローチ）がその構成原理の一つとして挙げられ、また、ストレングスモデル（人や人を取り巻く環境に備わる「強さ」に注目し、それを引き出し活用しようという考え方にもとづく理論および実践の体系）、動機付け面接法（クライエントの内発的な動機付けを呼び覚まし、行動を変容させようと試みるカウンセリング法）、WRAP（元気回復行動プラン。自分が元気でいるために、自分自身がつくるプラン。自分の「取り扱い説明書」）などが支援方法として採用されるのはまったく自然であるし、HFの真の目標はホームレス状態からの脱出ではなくリカバリーであるとまで言われる。

それにしても、HFは精神保健福祉における一実践として、自らが対象とする「人間」というものをどのようにとらえ、またその理解を基礎としてどのようなアプローチを試みるのだろうか。本稿においては、HFの背景にある人間観、そして、これにもとづく支援アプローチについて、ハウジングファースト東京プロジェクトにおける私たちの野宿者支援活動、実践に即して、経験というプリズムを通して考えてみたい。

## 1　絶望の運命論と内在化されたスティグマ

私たちが支援の現場で出会うのは、千差万別の人生を生きてきた、それぞれに異なる唯一無二の個人であり、当然のことながら安易な一般化は許されない。しかしながら、そんな唯一無二の一人ひとりと話しをしていて、既視感というのか、「またしても」という感覚を覚えることがある。

その一例として、「自分の現状はそうなるべくしてそうなった、言わば、必然の結果である」と口にする人が殊のほか多いことが挙げられるだろう。自らの来し方を振り返り、あれは自分の力ではどうすることもできない必然、運命だったと考えるのは、一つには、あれはしかたがなかった、あれでよかったのだと、自分の人生を肯定するための根拠をその考えが与えてくれるからということもあるだろう。しかし、それと同時に、その人が覚えるそうした「必然」の感覚の底のほうには、自分が何をしたってどうにもなりはしない、自分が外界や他者に影響を及ぼすことなどできない、そんな失望経験の繰り返し、言い換えるならば、「学習された無力感」が横たわっていることも少なくない。しかも、そこにあるのは、手も足も出ないような事どもに繰り返し圧倒された挙げ句の無力感だけでもない。というのも、何を試みてもどうにもならないようなことを繰り返し経験したとしても、そうした出来事の生起は、当人にとって、いぜん偶然にとどまりうるからである。なぜ、こんなことが繰り返し起こるのだろう。そう自問し続けるあいだ、彼にとってこれらの出来事の生起に必然性はない。ところが、あるとき、決定的な考えが脳裏に浮かぶ。待てよ。どうにもならないことはただ起こるのではない。どうにもならないことは、自分がろくでもない人間であるがゆえに起こるのだ。どうにもならないことは、外からやって来るのではない。そうではなくて、それは「ろくでもない自分」からの必然的な帰結として生じるのである。彼はそんな絶望的な確信をもって以後の人生を生きていく。

幼い頃からひどい目に遭ってきたことで、人を信用できなくなるというようなことがときに言われる。だがもしそうだとすれば、自分以外の他人を信じることはできないにせよ、自分を信じることはできてよいはずである。ところが、それとまるで反対の言葉を私たちは耳にする。「こんなダメなオレに付き合ってくれる人間がこの世にいるわけがないだろう」ここで語られるのは、「すべからく他人は不実である（あった）。不実な者は信用しないほうがよい。それゆえ、他人はいっさい信用しないほうがよい」という論理ではない。まずもって、「ダメな自分」が存在する。それゆえ、この自分を信用、信頼するような他者はいるはずがない。彼の推論はそう進む。彼にとっては、ダメな自分、それこそが疑いえない第一真理なのだ。したがって、自分への不信が拭い去られないかぎり、どんなに誠実な相手だろうと信じることはできない。絶望の運命論は「ろくでもなさ」の自己帰属ないし内在化からの論理的帰結であり、自尊感情、自己肯定感の希薄さ（あるいは欠如）と表裏一体をなす。

これは以下の社会学的過程に呼応していて、両者は無縁ではない。今日の日本語では「ホームレス」の語は名詞（ないし集合名詞）として流通している。それはそもそも「ホームがない」、「ホームを欠いた」という状態を表す語（形容詞）であるが、転じて、そうした状態にある人々を集合的に指すようになった。

どの言語においても、人を分類する言葉は数多くあり、形容詞が名詞に転じて、そうした分類を行うラベルとして使われるようになることも稀ではないし、そのこと自体に倫理的な問題があるわけでもない。ただ注意すべきなのは、いったん分類がなされ、ある特定の人々が何らかの特徴によって他の人々から区別されるようになると、私たちは当該のカテゴリー（＝人の「種類」）が、人為的な分類に先立って、それとは独立にすでに存在すると考えてしまう傾向があるという点である。そんな「そもそもXありき」の見方、実在論的あるいは本質主義的な考えが社会通念となれば、分類のための徴標として使われていた諸特徴は、たんなる状態や性質を表すことを超えて、その種に属する個体を本質的に他種から分かつ内在的属性として理解されはじめるし、そうした特徴を備えた「彼ら」は、「私たち」とはそもそも異なる種類の人間であると理解されるようになる。加えて、それらの特徴なり属性が当該社会において負の価値をもつと見なされていれば、この種に属する人々は負の烙印（らくいん）を押されて、軽蔑、忌避、排除、攻撃の対象とされかねない。

それでは、そうした社会通念が広く行きわたった社会において、人がホームレス状態に陥るとはいったいどんな経験であるだろうか。当初、彼（彼女）にとってホームレスであることは、あくまで一時的な状態であると思われるだろう。しかし、それは、彼自身がいくら抗おうとも徐々にその意味合いを転じていく。

すなわち、上に述べたような社会通念を彼が共有しているとすれば、ホームレスになることは、たんにホームを失うということにはとどまらない。なぜならば、彼にとって、ホームレスになることは、「ホームレス」という種類の人間になることを意味するからであり、その過程は負の烙印を受け入れ、それを自己帰属する過程であるから。スティグマの内在化にかんして、アメリカのハウジングファースト紹介映像の一場面、かつて野宿生活をしていた男性が語る次の言葉を私は忘れることができない。

「そこはだめだ。どこか他所（よそ）へ行け」。警官に寝場所を追われる。どうにかこうにかシャワーを浴びて、服も着替えてみる。「普通」に見えるよう、やれることはやってみる。それでも、なぜかオレはホームレスのままなんだ(注1)。

スティグマの内在化と運命論的思考との関係については上に見たとおりだが、「ホームレス」であることが自分の存在を本質的に規定すると理解されるならば、彼にとっては自分が「ホームレス」以外の存在であることはないし、自らがそうでありうるかもしれない姿を思い描くこと、希望をもつこと、すなわち、リカバリーへの道は閉ざされてしまうことになるだろう。

### 2　不合理行動と児童期逆境経験（ACEs）

福祉事務所に行って生活保護利用の申請をする。担当ケースワーカーに通院のための医療券を出してもらう。最寄りの病院を見つけて電話予約をする。区役所に出向き、住民登録をする。銀行口座を開く。携帯電話を購入する。不動産屋を訪ねてアパート探しをする。生活保護利用の居所としての施設暮らしの不自由さ、見ず知らずの人たちとの集団生活などに加えて、こうした一見ささいな手続きを前にしての失踪や再路上化。支援現場ではそんな事例がめずらしくない。これらの手続きに共通するのは何か。しいて言えば、形式的規則にしたがった手続きの遂行と、書き言葉による意思疎通、そして、(パソコン操作を含むような)情報処理だろうか。広い意味でのリテラシーが必要とされる領域と言ってよいかもしれない。したがって、何らかの理由でそうした能力を獲得できなかった人たちに対しては、リテラシーを高める手伝いをするか、手続き遂行に際して実際的な手助けをする人員を各所に配置すれば、それで問題は解決しそうなものである。

しかし、現実はそうはいかないというのが支援に携わる者の実感だろう。でも、それはなぜなのか。その理由を考えるにあたっては、ここで問題になっているのが認知的スキルであるよりは、むしろ非認知的(あるいはメタ認知的)スキルや自己制御能力であるという点を理解する必要がある。支援の現場で感じるのは、そこで出会う人たちが「常識」ないし「社会規範」に対してきわめて自覚的であり、そうした規範(によって求められる人物像)に遠く及ばない自分、「ダメな自分」(注2)に対して強い劣等感ひいては罪悪感をさえ抱いているということである。上述したような「失踪」につながる場面とは、本人の内面では、まさしく、そうしたダメな自分のダメさが露呈する、ないし、露呈するかもしれない、「恥」の場として不安をもって感じ取られ、生きられていることが多く、恥が現実化する瞬間ないしその直前に、失踪や癇癪(かんしゃく)という形でそれに対処しているとも考えられる。

ところで、こうした、ささいな手続きを前にしての失踪という、理解に苦しむような行動について、私たちは合理的行為者のモデルで理解しようとしがちである。施設から失踪した当事者は、この行為によって失うもの(費用)と得られるもの(利益)との両者を秤に掛けて、利益の大きさが費用のそれを上回ると判断したから、そうしたのだろう。だから、失踪に伴うコストをより大きくすることで、このような「問題行動」を防ごうと考えるのである。「再び施設から失踪するようなことがあれば、もう二度と生活保護を受けられなくなりますよ。」福祉事務所の相談室でそんな「忠告」を耳にしたことはないだろうか。こうした思考は、当事者の失踪という行為が費用対効果分析、つまりは合理的思考の産物であるという前提にもとづいている（注3）。

しかしながら、この前提の真偽のほどは定かではないし、じっさい、忠告の有無にかかわらず、失踪は繰り返されるのである。それどころか、行動にかんする科学（殊に神経科学、経済学、心理学）の最新知見によれば、児童期に深刻な逆境経験をした人たちについては、行動はしばしば、合理性とはほとんど無縁の、感情的、心理的、生理的な諸力の影響下にあるということが報告されている。詳細はここでは省くが、感情および思考を調節・制御する機能を担う脳内の部位（前頭前皮質）は、その発達段階において、逆境がもたらすストレス（より正確には、そうしたストレスを管理するプロセス（アロスタシス）からの負荷）によって損傷を受けることが判っている。そして、その結果として、ストレスに満ちた環境で成長した人は、集中することや他者の指示に従うこと、感情や衝動を抑えることに困難を覚えがちであり、また、高次からの情報管理や制御を司る、言わば航空管制官に相当する「実行機能」が弱いということが指摘されている（注4）。ここで問題とされるストレス（に満ちた環境）は、かならずしも家庭の経済状況により一義的に決定されるわけではないが、貧困にしばしば伴うストレスフルな環境や人間関係を考えるとき、生活困窮者支援において利用者の行動を適切に理解するためには留意されるべき考え方であり、この理論の正否とは別に、私たちは安易に合理的行為者モデルにもとづいて行動を理解することには自覚的でなくてはならない。

### 3 「生きづらさ」の機能的理解とピアサポート

ここまでは、支援の実践を通して出会う人たちに特徴的に見られる思考・行動形式およびその背景にあると考えられるものについて素描を試みてきた。

これをふまえて、次に、ハウジングファーストの実践においてどのような支援アプローチが望ましいのかについて考えてみたい。

ここで一つのヒントを与えてくれるのが「生きづらさ」という表現である(注5)。最近、いろんな場面で「生きづらさ」という語を耳にするが、これについては少なくとも二つのことを指摘できる。

一つは、障がいの「スペクトラム(連続体)化」ということである。「障がい」、さらには、「病気」、「疾患」といった語は、しばしばそれによって語られる事態や症状、より正確には、そうした事態や症状を引き起こす原因と想定されるものを実体化し、それをさらにその生物学的基盤へと帰するような思考法を招き寄せる傾向がある。そしてその結果、障がいは、あくまで、自分のうちにそうした原因を内含するような特定個人(および、その周囲の人々)にとっての困難ないし問題であり、したがって、そうした不運な人たちは同情の対象でこそあれ、究極的には、「それ」を共有しない健常者である自分たちは障がいとは無関係であるという意識をしばしばもたらす。これに対して、「生きづらさ」とは、程度(質ではない)の違いはあるにせよ、誰しもが経験し、また、かかえるものなのであり、病気の概念にしばしば伴う特殊化、差別化、絶縁化を無効とする。つまり、そこに、健常者と障がい者の区別、健常者と病者の区別はない。ただただ「生きづらさ」を生きる人があるばかりなのである。

もう一つ、これと密接に関連することだが、「生きづらさ」はそれを生きる当事者の主観、内的経験と切り離すことができない。客観化、外在化された障がい(disorders)なり疾病なりが専門家集団によって語られる一方、それを生きる当人の内面がなおざりにされることも多い医療・福祉の現場において、これらの点はきわめて大きな意義をもつ。

しかしながら、他方、支援に携わる者は、困っている人の生きづらさの軽減を図ろうとして、生きづらさイコール除去されるべき問題(ないし欠陥)という見方を取り、その結果、その人がもつ「強み」を見失い、旧来の悪しき問題解決中心型アプローチへと逆行してしまう危険性に対してつねに自覚的でなければならない。生きづらさとは、それを生きる当人と、その人を取り巻く（人間関係を含む）環境との相互作用（インタラクション）において生じるものであり、したがって、環境について考えることなく理解することはできない。

加えて、こちらがとても重要であるが、かりに生きづらさは、それを生きている当人に独特のものの見方・感じ方、行動パターン（すなわち、その人の「性格」ないし「人格」と呼べるようなもの）によって主にもたらされており、それを変えることがその人にとって生きづらさの軽減には必要なのだとしても、生きづらさの原因となっている、そうした認知・行動パターンは、それがかつて果たしていたであろう「強み」ないし「機能」という視点からも理解されるべきである。性格や人格というものは、いくらかは生得的な因子に影響されるだろうが、そこへ生まれてくることを自ら選んだわけでもない生育環境、そして養育者との対人関係のなかに放り込まれた、いまだ言葉さえ話せない幼児（おさなご）が、まさしく生き残りを賭けて採用してきた、言ってみれば「戦略」の総和なのである。自らに手に入る乏しい資源を使った、できうるかぎりの環境への適応の試みの数々。その集積が性格であり、人格である。したがって、その人の置かれた現在の環境において、それがかつてのようにうまく機能せず、それどころかかえって生きづらさをもたらしているのだとしても、それは本人にとって自らの生きてきた過去に裏打ちされた、かけがえない大切な履歴書であり身分証明書であり、そして、自らに与えられた唯一の選択肢である（あるいは、本人にはそう見える）ことを、支援者はその個別性において理解すべきであり、相応の評価と敬意をもって、その人の今ある姿として見つめるべきである。

そうしてみると、いわゆる問題、トラブルの発生は、それまで頼りにしてきた適応プログラムの機能不全が表面化することなのであり、プログラム改訂の必要性の自覚へと本人を導く千載一遇の機会と捉えることができるはずである。違う自分に変わりたい。変わらなくてはならない。そう彼（彼女）は感じている。しかし、だからと言って、どうしたら良いのか見当がつかない。「ダメな自分」、「ろくでもない自分」という、当人にとって絶対的な「第一真理」を前に、新しいやり方、別のやり方、新しい自分、別の自分を思い描くことはきわめて困難である。何もかもがそうでしかありえないかたちで在るのであれば、そうありうるかもしれないという可能性の数々はその人の脳裏に思い及ぶはずもない。

そして、そんな、ありうるかもしれない自分の未来が存在しないとすれば、未来に向けて彼の行動が動機付けられることもないだろう。つまり、変化は起こりえない。したがって、可能性の空間を開き、そうありうる未来の数々を思い描く手伝いをすることが支援者にとっての一つの重大課題であると言える。

だが、どうしたらそんな手伝いができるのだろうか。HF の実践に即して思いつくところを以下に述べてみる。

第一に、可能性を閉ざす運命論の鎖を断ち切るには、自分への信用が必要不可欠である。

そして、自分への信用をもたらすのは、こんなことができる、あんなことができるという「自己効力感（自分には目標を達成する能力があるという認知）」の経験の繰り返しである。ゴミを分別して、決められた場所、曜日、時間に出す。近所のコンビニに立ち寄り、朝食用にパンを選ぶ。ふだん、いちいち口に出すことはなくとも、こんな日常の何気ない選択と行動の数々が私たちの「できる感」を構成し、自分への信用をもたらす。見方を変えれば、それら日常のささいなルーティンは、じつはその一つひとつが、私がいまこの瞬間に私であるところの自己の表出、自己の表現であり、それら無数の表出が集まって「この私」があると言えるだろう。ところで、そういう自己表現であるような行為にとって、なくてはならないものが何であるかと言うと、それは「住まい」であり「安心」である。後ろを振り返ると、こちらを向いて笑いかけてくれる誰かがいる。そんな「安全基地」があってはじめて、人はもう一歩先へと冒険してみたくなる。条件なしに、あるがままに受け入れてくれる人、場所があるとき、安心が生まれ、自由な行為が生まれる。自由な行為は自己効力感と自分への信用を、さらには可能性に開かれた未来を思い描く力を、そしてついには変化を生み出す。ありのままの、あるがままの個人を受容すること。社会規範が指し示す標準的、ノルマ的人物像を介することなく、参照することなく、いまここにいる個人の存在を無条件に受容したうえで、その人と接すること。「ホームレス」の一人としてではなく、あくまで偶然的にホームレス状態にある個人として接すること。彼（彼女）のうちに内在化されたスティグマ、彼がかかえる強烈な劣等感を完全に消し去ることはそれではできないかもしれない。しかし、標準像との比較や、標準像が備えているべき諸属性を参照しつつ人を判断することを支援者および周囲が行わないことにより、彼の自分自身に対する態度は徐々にではあるが確実に変わるはずである。

第二に、殊に本人のうちに内在化された標準像を相対化する、ないし、別の像へと取って代えるという意味において、ピア（仲間。同じような立場の人）が果たす役割の重要性はいくら強調してもしすぎることはない。地域で生活する先輩、同輩、後輩の存在は、変化を夢想しつつも、その輪郭をはっきりと思い描くことができない利用者に対して、自分がいつかそうなりうる、また、そうなってみたい姿を具体的に提示してくれる。しかもそこにあるのは唯一絶対の「正解」ではない。それぞれに異なり、それぞれにかけがえのないピアたちが、同じ妥当性をもって、複数の可能性が存在することを実証する。また、自分への信用を獲得する過程は、絶望の運命論という、それまでの彼の人生を構成していた物語に代えて、ホームレス状態という「カタストロフィ」からのリカバリーの物語を紡いでいく過程でもある。そして、そのためには、それぞれのピアが語るそれぞれの物語を共有し、新しい語彙と文法を習得できるような場の存在が不可欠であり、その意味においても、HFは、そこで生活する人々がありのままの自分でいることのできる安心の場、すなわち、コミュニティの創出と、それに対するソーシャルワークの作業と同時並行して進むものであり、進められなくてはならない。

**注**

1　『ハウジングファースト』フィラデルフィアにおける成功の記録　https://www.youtube.com/watch?v=u6R8Dbhh0bk&t=6s

2　ここで問題となっているのは、実際に、彼が規範とされる人物像に及ばないかどうかではなく、彼自身にとって自分がそのように見えるということである。
3　そうした行為に対して対応者から、しばしば苛立ちや怒りの感情が表出されるのも、行為者の側に狡猾さ（つまりは、「計算」という合理的プロセス）が想定されているからではないだろうか。
4　児童期逆境経験（Adverse Childhood Experiences）については、Paul Tough（ポール・タフ）著 How Children Succeed（邦訳『成功する子 失敗する子』英治出版）の第 1 章などに平易な説明がある。
5　浦河べてるの家の活動をつうじて広まった「苦労」という言葉についても、同様のことがあてはまる。

第７章

# ホームレス状態にある人に対する居住支援の現状と課題

～つくろいハウスの実践をとおして～

大澤優真

## はじめに

本稿の目的は、支援者の立場から、ホームレス状態にある人に対する居住支援の現状と課題について明らかにすることである。一般社団法人つくろい東京ファンドの運営する個室シェルター、つくろいハウス（東京都中野区）の実践をとおして、具体的に明らかにしていく。

本稿では、まずはじめに、つくろいハウスを開設した背景について、次に、つくろいハウスの支援の現状についてみていく。最後に、つくろいハウスにおける課題を明らかにし、ホームレス状態にある人に対する居住支援についての今後の議論へ向けた問題提起を行う（注1）。

## 1　つくろいハウス開設の背景

１では、はじめに、ホームレス状態にある人がホームレス状態から抜け出せない理由について、施設環境の劣悪さと福祉事務所によるジャッジメントの二つの側面があることをみていく。最後に、このような状況を変えていくためにつくろいハウスを開設したことを説明する。

### 1-1　生活保護と居宅保護・施設保護

ホームレス状態になった時、ホームレス状態から脱却するために利用できる制度として生活保護がある。生活保護は、日本国憲法第 25 条にもとづいて、国が生活に困窮する人に対して健康で文化的な最低限度の生活を保障することを目的とした制度であり(注2)、収入と資産がある一定水準を下回っていれば、原則として、誰でも利用することができる。生活保護以外にもホームレス状態脱却のための制度はあるが、利用にあたってさまざまな制限が設けられており利用できない、もしくは、使い勝手が悪く、ホームレス状態脱却のための制度として十分に機能していない。しかし、生活保護はそのような制度から漏れた人も捕捉し、ホームレス状態からの脱却を保障する。つまり、生活保護はホームレス状態になった人の最後のセーフティネットとして機能している。

ホームレス状態からの脱却には住居が必要である。生活保護法第30条は以下のように規定している。

> 生活扶助は、被保護者の居宅において行うものとする。ただし、これによることができないとき…は、被保護者を救護施設、更生施設若しくはその他の適当な施設に入所させ、…行うことができる。
>
> 2　前項ただし書の規定は、被保護者の意に反して、入所又は養護を強制することができるものと解釈してはならない。

つまり、生活保護法第30条は、生活保護は原則、アパートや持家などの居宅で行うものであるが、それができないときは、保護施設（救護施設・更生施設）などで保護することも可能であると言っている。しかし、それは被保護者（生活保護を受けている人）の意に反して強制してはならない。

このように、原則は居宅で生活保護を行う必要があるが、現実には、都市部を中心に無料低額宿泊所などに入所させて保護を行うことが多い。たしかに、ホームレス状態の人がアパートを契約する際に、どこで暮らしていくかを考えたり、住民票や身分証などが必要になったり、保証人の準備や家賃保証会社の審査結果を待ったりと、アパート入居まで時間がかかってしまうことがある。そのような意味では、アパート入居までの間の滞在場所として施設には一定の役割がある。しかし、生活困窮者支援の現場では、ホームレス状態にある人の多くが、「施設に入りたくないから生活保護は受けない」と語っていたり、また、施設から失踪し、それが原因で生活保護が切られたりすることが相次いでいる。なぜこのような状況が起きているのか。２点指摘する。

### 1-2　施設環境の劣悪さ

１点目は、施設環境の劣悪さである。ここで問題にしている施設には、生活保護法にもとづく保護施設、社会福祉法にもとづく無料低額宿泊所や、法律にもとづかず届出を行っていない無届施設などがある。これらの施設には個室もあるが、複数人部屋の施設が多く、生活困窮者支援の現場では、「複数人部屋の施設から出たい」、「複数人部屋の施設に入所するのであれば生活保護を受けたくない」といった相談が相次いでいる。

複数人部屋の施設の劣悪さについては、関係者などから指摘されており（注3）、筆者も生活困窮者支援の現場で上述のような相談を受けることが多々ある。劣悪な施設にいることを余儀なくされつづけて精神疾患を患ってしまった人も知っているし、一緒に生活保護申請をしたあと施設に入所した人と、１週間後に路上で再会するのも珍しいことではない。つまり、生活保護利用者が入所する複数人部屋の施設は、物理的な意味で住環境が劣悪であり、加えて、人間関係などのトラブルも発生しやすい。それは、体調不良を招いたり、再路上化のリスクを高める。複数人部屋の施設入所は、利用者本人に負の影響をもたらす。

このような状況からみると、「施設に入りたくないから生活保護は受けない」と語ることや、施設から失踪してしまうことは当然だろう。そして、このような複数人部屋の施設に入所したくないという意識は、生活困窮状態であるにもかかわらず生活保護申請をためらわせ、申請しない人を増加させる。それは結果的に、路上生活やネットカフェ生活の固定化につながる。「ホームレスは好きでホームレスしているんだ」と言われることがよくあるが、それは正しい理解ではなく、背景にはホームレス状態脱却のための制度の不備がある。

### 1-3　福祉事務所によるジャッジメント

2点目は、アパート転宅の際に福祉事務所によるジャッジメント、つまり福祉事務所によるアパート生活可否の判定が行われていることである。先にみたように、劣悪な環境の複数人部屋の施設からアパートに転宅したいと思うことは当然である。しかし、そのことをケースワーカーに伝えても、「まだ様子を見させてほしい」、「仕事が決まってから」、「部屋の掃除がしっかりできるようになってから」などと言われ、すぐに認めてもらえないことが多い。

生活保護の運用の詳細を示している『生活保護手帳 別冊問答集』（厚労省の自治体に対する助言集）には、アパート転宅の際に敷金等の転宅費用を生活保護から出す条件として、「以下のすべての点を満たすことを要件に居宅生活ができると判断すべきものではないので留意すること」という前提で、金銭管理、健康管理、家事・家庭管理、安全管理、身だしなみ、対人関係ができることを判断の視点として示している（注4）。また、ここには示されていないが、福祉事務所から稼働能力がある（就労できる）とみなされていれば、就労することも判断の基準になっている場合も多い。

ここでアパート転宅を望む人がアパート転宅できないことについて、二つ指摘する。一つは、上述のアパート転宅に際しての判断の基準に照らしてアパート転宅が可能な人であっても、ケースワーカーがその判断ができないため、なかなかアパートに転宅できないことがある。背景には、ケースワーカー不足で、アパート転宅を希望する生活保護利用者の支援に手が回っていない現状がある（注5）。

もう一つは、アパート転宅に際して、そもそも条件を設けること自体が適切でないことである。「仕事が決まってから」とか「部屋の掃除がしっかりできるようになってから」などといった、あいまいかつ社会状況に多分に影響されるような判断の基準をクリアしなければアパートに転宅できないということであれば、一生、居宅生活が認められず、施設保護のままの人が出てくる。劣悪な施設から出たいと伝えても、「〇〇ができてから」と言われ、アパート転宅は認められず、今後アパートに転宅できる目処も立たない。このように将来が見えない状況であれば、劣悪な施設にがまんしている必要性もなく、失踪するという考えが出てくるのも当然である。

一般的に、金銭管理や健康管理などができることは望ましいことではあるが、もし、それらについて支援が必要なのであれば、アパートに転宅してから行えばよい。居宅生活ができなさそうだから施設保護のままにするのではなく、支援が必要なのであれば、居宅生活に移ったあと、その点について支援を行えばよいのである。

### 1-4　つくろいハウスの意義

ここまで、ホームレス状態にある人が「施設に入りたくないから生活保護は受けない」と語り、また、彼らが施設から失踪する理由について、施設環境の劣悪さと福祉事務所によるジャッジメントの二つの面から説明してきた。

このような状況を変えるには、どうすればよいのだろう。まず、複数人部屋の施設ではなく、個室の施設を用意する必要がある。次に、金銭管理や健康管理など、日常生活を送るうえで支援が必要な人には、居宅生活で支援ができる仕組みをつくる必要がある。つまり、施設の個室化とアパート転宅後支援が必要である。これがつくろいハウスを開設した理由であり、私たちがなすべきことである。２以降では、つくろいハウスの支援の現状、課題について論じていく。

## 2　つくろいハウスにおける支援の現状

２では、つくろいハウスにおける支援の現状について説明する。はじめに、つくろい東京ファンドの概略を、次に、つくろい東京ファンドの主な事業であるつくろいハウスについて、つくろいハウスの利用者像、支援、利用者を支える仕組みの３つの側面から述べる。

### 2-1　つくろい東京ファンドとは

ホームレス状態の人のアパート入居を促進するために、東京都内の複数の生活困窮者支援団体の関係者が集まり、2014年6月に一般社団法人つくろい東京ファンドを設立した。ちょうどそのころ、中野区内にマンションを所有している方から「マンションとして使われていたフロアが空いているので、生活困窮者のために使ってほしい」という申し出があり、同年8月につくろい東京ファンドの事業の一つであるつくろいハウスを開設した。マンションのワンフロアを借り切り、7部屋の個室シェルターを用意している。

つくろい東京ファンドは、つくろいハウス（中野区）のほかに、新宿区、墨田区、豊島区、板橋区で、アパート、マンション、一軒家の計23室を借り上げて、そこでは他の支援団体と協力して支援活動を行っている（注6)。ほかには、情報に関する支援事業やこども食堂（ことといこども食堂)、カフェ（カフェ潮の路)、路上生活者へのアウトリーチ（中野区、新宿区の夜回り）も行っている。

また、つくろい東京ファンドは、ハウジングファースト東京プロジェクト（以下、ＨＦ東京プロジェクトという）のメンバーとして、そのネットワークをつうじた支援活動を行っている。HF東京プロジェクトには、2018年1月末時点で7団体が加入している。NPO法人TENOHASI（池袋を中心とした路上生活者支援活動、居宅後支援等)、世界の医療団（広報、ファンドレイジング等)、訪問看護ステーションKAZOC（精神科訪問看護等)、べてぶくろ（グループホーム、当事者研究等)、ゆうりんクリニック（内科・精神科医療、訪問看護、ソーシャルワーク等)、ハビタット・フォー・ヒューマニティ・ジャパン（住居の簡易修繕・清掃等）である。

つくろい東京ファンドは、マンションのオーナー、支援団体、個人などさまざまな機関、人とも連携して活動を行っている。

### 2-2　つくろいハウスの利用者像

つくろいハウスは7部屋の個室シェルターを用意している。うち1部屋は緊急用で1～2週間程度、無料で宿泊できる緊急枠である。それ以外の6部屋はアパート転宅までの期間、有料で滞在できる一般枠である。

利用者はおよそ3～4か月でアパートに転宅する。筆者はもっと短期間でのアパート転宅が望ましいと考えるが、福祉事務所のジャッジメントがあることで、つくろいハウスの滞在期間が延びる傾向にある。また、アパート契約時に家賃保証会社を利用する際、携帯電話を求められることが多い。そして、携帯電話を契約するためには銀行の口座を求められることが多い（かつ、滞納等でブラックリストに載っていないことも条件とされることが多い）。銀行の口座をつくるには、住民票や身分証が必要である。しかし、つくろいハウスに来る人の多くは、どこに住所登録しているかが不明だったり、住民票が抹消されていたりすることもある。住民票の異動や登録に準備がかかり、滞在期間が延びてしまうことがある。

また、いったんつくろいハウスに入ると、ここからアパートに移りたくないと言い出す人もいる。アパート生活を送ることや孤立してしまうことへの不安がその原因だと思われる。しかし、もう一方では、つくろいハウスに入居したいホームレス状態の人が路上などで待っている。アパートに移りたくないと言う人には、アパートに移ってもつながりつづけられることを伝え、移ることを考えてもらい、アパートに移ったあとは、訪問や居場所などをとおして関係性を保っている。しかし、これは本人の意思を十分尊重できていないことにもなるので、支援者は、アパートに移りたくない人と、つくろいハウスに入居したい人との間で、支援のジレンマを感じている。

2014年8月1日から2017年9月30日のつくろいハウスの実績について説明する（注7）。

つくろいハウスからの退所者は合計80人で、うち一般枠は46人、全員が男性である。平均年齢は、一般枠が48.1歳、緊急枠が44.6歳である（**表1**）。入所経緯は、一般枠・緊急枠ともに、ほとんどが支援団体経由である。生計手段は、一般枠では、そのほとんどが生活保護である（**表2**）。前居所は、一般枠では、路上が多くを占めるが、ネットカフェや留置場から来た人もいる（**表3**）。

**表4**・**表5**では、一般枠の統計のみ示す。疾患・障害はその疑いのある人も含むが、何らかの疾患・障害がある人が80.4%である。そのうち、最も

## つくろいハウス実績（2014.8.4 〜 2017.9.30）

### 表1　つくろいハウスからの退所時の年齢

（人）

| | 全体 | 一般枠 | 緊急枠 |
|---|---|---|---|
| 20代 | 8 | 5 | 3 |
| 30代 | 18 | 8 | 10 |
| 40代 | 24 | 15 | 9 |
| 50代 | 14 | 4 | 10 |
| 60代 | 10 | 9 | 1 |
| 70代 | 4 | 3 | 1 |
| 80代 | 2 | 2 | 0 |
| 計 | 80 | 46 | 34 |
| 平均 | 46.6 | 48.1 | 44.6 |

### 表2　生計手段

（人）

| | 全体 | 一般枠 | 緊急枠 |
|---|---|---|---|
| 生活保護 | 43 | 42 | 1 |
| ビッグイシュー | 7 | 2 | 5 |
| なし | 24 | 0 | 24 |
| 派遣 | 3 | 1 | 2 |
| 年金 | 3 | 1 | 2 |
| 計 | 80 | 46 | 34 |

※一般枠は入居後、緊急枠は入居時の収入状況を指す。

### 表3　前居所

（人）

| | 全体 | 一般枠 | 緊急枠 |
|---|---|---|---|
| 路上 | 58 | 32 | 26 |
| ネットカフェ | 8 | 5 | 3 |
| ドヤ・カプセル | 4 | 1 | 3 |
| 民間宿泊所 | 1 | 0 | 1 |
| アパート | 1 | 1 | 0 |
| 留置所 | 3 | 2 | 1 |
| 支援団体シェルター | 2 | 2 | 0 |
| 病院 | 1 | 1 | 0 |
| 友人宅 | 1 | 1 | 0 |
| 実家 | 1 | 1 | 0 |
| 計 | 80 | 46 | 34 |

### 表4　疾患・障害

| | 一般枠（人） | % |
|---|---|---|
| 精神疾患（疑い含む） | 16 | 34.8 |
| 身体疾患 | 12 | 26.1 |
| 知的障害（疑い含む） | 4 | 8.7 |
| 発達障害（疑い含む） | 8 | 17.4 |
| 特になし | 9 | 19.6 |
| 全体 | 46 | 100 |

※重複あり。

### 表5　退所後

| | 一般枠（人） | % |
|---|---|---|
| アパート | 35 | 76.1 |
| グループホーム | 4 | 8.7 |
| 更生施設(その後、アパート) | 1 | 2.2 |
| 社員寮 | 2 | 4.3 |
| 友人宅 | 1 | 2.2 |
| 失踪 | 3 | 6.5 |
| 計 | 46 | 100 |

多いのは精神疾患で、34.8％である（**表4**）。退所後は76.1％がアパートに転宅している。退所先の一つであるグループホームは、アパート型であり、つくろいハウスの近くにあること、また、更生施設に入所した人は最終的につくろいハウス近くのアパートに転宅したことから、これらを合わせると、87％の人がアパートに転宅したことになる。社員寮か友人宅に移った6.5％の人とは、連絡が取れる状態である。それ以外の6.5％の人は失踪した（**表5**）。

居宅生活後の定着率は、亡くなった人を除いて、アパート（グループホーム含む）に定着している人は87.2％である。失踪した人は５人だが、うち３人とは連絡が取れるか居住場所を確認している。必ずしも正確に聴き取りをしたわけではないが、４割程度の人に２回以上の生活保護利用歴がある。

少し時期はずれるが、2008年４月から2011年２月にかけて行われた３つの調査（注8）をもとに分析した『広義ホームレスの可視化と支援策に関する調査報告書』（以下、報告書という）と比較するなかで、つくろいハウスの利用者像を明確にしてみたい。

年齢について、報告書では、平均年齢が53.3～58.6歳であった。つくろいハウス利用者は、報告書に比べて若い層が利用している。疾患・障害について、報告書では、精神障害は「疑いあり」も含めて9.5～17.1％であった。つくろいハウスの統計では34.8％であることから、つくろいハウスに来る人は高い割合で精神疾患があることがわかる。居宅生活後（注9）について、報告書では、「交流有り」・「消息把握」が72.9％であり、「消息不明」が26％、「死亡」が1.1％であった。つくろいハウスの統計では、87.2％が定着しており、報告書に比べて定着率が高い。「２回以上」の生活保護利用歴について、報告書は25.8～34.5％であった。つくろいハウスの統計では４割程度であり、報告書に比べて「２回以上」の利用率が高い。

以上から、つくろいハウスの利用者像は、全員が男性であり、平均年齢は40代後半。精神疾患のある人が多く、生活保護を複数回受けてきた人が少なくない。また、統計には示していないが、さまざまな依存症をかかえている人も少なくない。

### 2-3　つくろいハウスの支援

つくろいハウスに入居してからの大まかな流れを述べる。

入居後に生活保護申請同行、住民票・身分証など行政関係書類の整理、医療機関へのつなぎ・同行、借金の整理、HF 東京プロジェクト参加団体やその他関係団体へのつなぎ・同行を行い、本人の希望を聞きながらアパート探しを始める。福祉事務所とアパート入居について交渉しつつ、並行して転宅先物件をある程度決定し、リサイクルショップ等へ行き、生活に必要な家具や布団の準備を一緒に行う。福祉事務所からアパート転宅許可が出されたら、すぐに引越しをする。

つくろいハウス利用者には、初めて、もしくは久しぶりにアパートに住む人も少なくないので、ごみの出し方、水光熱費の支払い方法などを一緒に確認する。

その後は、定期的にアパート訪問、つくろいハウスへの来訪、居場所（鍋会・ボードゲーム部・カフェ・イベント・ＨＦ東京プロジェクト参加団体による居場所等）への参加など行う。ほかには、仕事づくり（カフェ）や食料提供などを行っている。

基本的には本人の必要としていることや希望していることを雑談をつうじて聴き、それにもとづいて柔軟に行動している。一緒に服を買いに行ったり、カードゲームをしに行ったり、植物を育てたこともある。

つくろいハウスから社員寮に入所したり、知人宅に身を寄せたり、実家に帰った人など、アパートに移らなかった人も支援対象者であり、電話したり、直接会うなどして、何かあればいつでも相談できる関係性を保っている。

支援論については体系化できていないが、以下では、つくろいハウスの具体的な事例を報告するなかから、さしあたり、どのような視点で支援を行うことが、支援を受ける本人、支援をする側にとって望ましいのか、考察する。

#### ①複数の関係性の構築

つくろいハウスの近くのアパートに暮らすＡさん（60 代男性）は、ある日、つくろいハウスにやってきた。筆者は、Ａさんとは１年ほどの付き合いがあり、日ごろから、仕事のこと、生活のこと、人間関係のことなど相談を受けていた。しかし、ある時、Ａさんと約束していた時間に別件で緊急対応が必要になった。相談開始時間が10分ほど遅れることをＡさんに伝えると、「もういい！　お前とはこれまでだ！　一生顔を見せるな！」と怒って、帰ってしまった。すぐに電話をしたが、つながることはなかった。その後も、電話をかけたり、手紙を送ったりしたが、返事は一切なかった。

どうすればＡさんと話をすることができるのか、また、ほかの支援者も交えて検討したほうがいいのか、考えあぐねていたが、連絡が途絶えてから約３か月後、Ａさんが自殺したという連絡が入った。目撃者によると、「もういいんだ」と言って命を絶ったという。

Ａさんが、なぜ自殺したのかはわからない。しかし、「もういいんだ」という言葉からは人生に絶望していたことが読み取れる。Ａさんと筆者の関係性が途絶えてしまったことが、そのきっかけになってしまったのかもしれない。もし、仮にそうだとすれば、Ａさんと筆者だけの関係性にとどまらない、Ａさんと複数の人の関係性を構築するべきであった。さまざまな人がＡさんとかかわることで、Ａさんと筆者の関係性が切れても、Ａさんは孤立せず、自殺せずにすんだかもしれない。

②主体性の尊重

Ｂさん（50代男性）は、ネットゲーム依存をかかえていた。生活保護費が支給されると、ネットゲームにつぎ込む。結果として所持金はなくなり、ほぼ毎月、つくろいハウスから食料を提供していた。Ｂさんからはネットゲーム依存で困っているという相談を受けていたことから、ネットゲームにお金を使わなくてすむように、毎週、所持金の残高を筆者に報告するようにしてもらったり、ネットゲーム依存の当事者会に参加してもらうなどした。しかし、ネットゲームにお金を費やすことは止まらず、所持金の残高の報告はとだえ、当事者会にも参加しなくなってしまった。

ある日、筆者はつくろいハウスから食料を提供する作業をしていたが（注10）、Ｂさんのことを一人でかかえ込まず、ＨＦ東京プロジェクトの支援者にも入ってもらうことを考えついた。複数人で、Ｂさんと一緒に、Ｂさんのことを話すことにした（注11）。そこでＢさんから「実はネットゲームをやめる気はない」という発言が出た。「何十年もやってきたから、もうやめられない。ただ生活に支障がないようにしたい」、「失敗もしていくと思うけれども、思いつめずに、追いつめずに、自然な感じで、やめなくてもいいから、ほどほどに楽しみたい」ということであった。

それ以降、Ｂさんは「○曜日は□□へ行き、△さんに会う。×曜日はネットゲームをする」などと、自分自身で１週間の予定を決め、さまざまな居場所へ行き、いろいろな人と会っている。生活保護費の支給日前、Ｂさんは「ネットゲームに使っちゃうかもなあ」と話していたが、実際には使うことはなく、使わなかったことを、いつもの場所へ行き、友人たちに話していた。そして、現在の状況を「ネットゲームをやめないと決めてから気持ちが楽になった」、「今はネットゲームをするという目的とは別の目的がたくさん増えて、ネットゲームをしたいという気持ちが薄まってきた」と話している。

筆者はＢさんがネットゲーム依存で困っている様子を見て、ネットゲームをやめられるように支援していた。しかし、それはＢさんの意思に反するものであり、むしろＢさんを苦しめていた。Ｂさんの真の意思を確認し、Ｂさんの納得のいく状況になってからは、Ｂさんの生活はスムーズにいくようになった。

支援者は、本人の困っていることを把握して支援を行うが、把握したつもりで支援ができていないということがある。良かれと思ってやっていることが、逆に本人を苦しめていることがある。支援者の思い込みを可能な限りなくすためにも、本人がどうしていきたいかを常に確認する必要がある。本人の主体性を尊重する支援が必要である。

以上、ＡさんとＢさんの事例をみてきた。Ａさんの事例からは、複数の関係性の構築を行う必要性がわかった。また、Ｂさんの事例からは、主体性を尊重する支援が必要だということがわかった。いま、支援を行う際には、複数の関係性のなかで本人の主体性を尊重した支援を行う必要があると考えている。

### 2-4　つくろいハウスの利用者を支える仕組み

つくろいハウスの運営費は、つくろいハウスに滞在している人（6部屋）の生活保護費のなかの住宅扶助費と月6000円の水光熱費でまかなっている。実際には１人当たり6000円以上の水光熱費がかかるので、住宅扶助費から超過した水光熱費を差し引いた額で運営していることになる。

生活支援スタッフは２名で、それぞれ週２日、つくろいハウスで活動している。また、スタッフは、担当日以外にもメールや電話等で生活相談を行うことがある。

生活支援スタッフによる支援以外では、毎週決まった曜日にボランティアの人に集まってもらい、支援を行っている。ＨＦ東京プロジェクトの他の参加団体による支援も行っている。ゆうりんクリニックへの通院、ゆうりんクリニックのソーシャルワーカーによるアパート訪問、訪問看護ステーションKAZOCによる訪問看護、各団体の居場所などである。

また、2017年４月にオープンしたカフェ潮の路では、週４日コーヒースタンドを、週２日カフェの営業を、行っており、多様な人の居場所となりつつある。ここでは「お福わけ券」という仕組みを導入している。カフェに来た人が自分の分だけでなく、「次に来る誰か」のためのランチ代やコーヒー代を払う（お福わけ券を購入する）という仕組みで、誰でもお福わけ券を利用することができる。やりくりに失敗してしまった人や、月末に生活保護費が少なくなり家計が苦しい人など、つくろいハウスの利用者に限らず、利用されている。また、地域住民も多くカフェに来店しており、カフェが居場所を必要とするすべての人々の居場所となることを私たちは期待している。カフェでは、子どもの学習支援やイベントも開催しており、今後もセミナー、トークイベント、寄席などのイベントを、他の団体と協力して行っていく予定である。

## 3　つくろいハウスにおける課題

3では、つくろいハウスの課題について、つくろいハウスの利用者への支援と支援の仕組みから考えてみたい。前者では特に中年層の人に対する支援について、後者では特に活動費用について、考える。

### 3-1　利用者への支援における課題

主体性を尊重する支援が必要なことはBさんの例で述べた。しかし、その支援が困難な人たちがいる。それは中年層の人たちである。彼らの多くは「将来になんか希望はない」、「今後どうしていきたいとか、やりたいことなんてない」といった将来に対する絶望的な気持ちを語る。主体性を尊重するということは、本人が希望することに沿って支援していくということであるが、その前提条件として、本人のこうしていきたいという意思がわからないとそれはできない。しかし、中年層の人たちの多くは、そのような意思はないと語る。なぜ彼らはそう語るのか。言い換えると、なぜ彼らは将来に対して絶望的な気持ちをもっているのか。その理由はさまざまであるが、そのうちの一つが「仕事」である。

中年層の人たちは健康状態からみて働くことができる人も多く、また、自ら働くことを希望する人も多い。社会には「中年層の人は働き手であって、働いていることが当たり前」という規範が存在しているので、彼らのなかにはその規範を内面化し、「働いていないなんてみっともない」と語る人もいる。しかし、働きたいと思い、ハローワークに行っても、中年層が選択できる仕事は限られている。かつ、選択できる仕事の多くは非正規雇用であり、低賃金・重労働である。

ある40代の男性は「自分の残された道はブラックの非正規しかないから働きたくない」、「一生、生活保護なのか…」と語った。また、ある50代の男性は、製パン工場で働くが、重労働で体がもたず退職した。その後、引きこもりがちになりアルコールを多く飲むようになったため、心身ともに負担がかかり、日常生活が困難になっていった。本人は「いくら体がきつくてもアルコールをやめる気はない。生きていてもしょうがないからね」と言っていたが、カフェで働く人を募集していることを伝えると、「本当に?!　働きたい！」と身をのりだした。

彼らの多くは働きたい（働かなければならない）と思っているし、実際に就職もする。しかし、就ける仕事の多くは非正規雇用であり、低賃金・重労働である。将来設計ができるほどの給料ももらえず、かつ重労働であることから、離職する人も多い。離職すると、社会からは「みっともないやつ」だと思われてしまう。その上、生活保護を受けているという「負い目」も感じる。だから働かなければならない。けれども、就職先はブラックしかない。それでも就職するが、また離職する。これを繰り返す。最終的には、どの道に進んだとしても苦痛しかないという考えに達する。そして「将来になんか希望はない」と語るようになる。

主体性を尊重する支援を行うためには、この構造を変える必要がある。本人に対する働きかけも必要ではあるが、これは社会の問題でもある。中年層の人たちが将来への希望がもてるような労働環境を整備するための労働政策を行う必要性がある。

往々にして、中年層の人たちは、社会から置き去りにされ見放されている。社会の風当たりは強く、彼らが困窮していても、生きづらさをかかえていても、孤立していても、自己責任だとみなされる。中年層に対する労働政策と同時に、中年層に対する自己責任論の転換が求められる。

### 3-2　仕組みにおける課題

支援を行うためには、人件費や運営費などの費用が必要である。支援対象者に障害や疾患がある場合は、クリニックでの診療には診療報酬が支払われ、障害者総合支援法にもとづく障害福祉サービス等の公的福祉サービスからは支援にかかる費用が拠出される。しかし、公的福祉サービスの範囲ではできない支援がある。それは、先に述べたように行政関係書類の整理やアパート探しの同行などアパートに転宅するまでに必要となる支援、居場所づくりや本人の必要とすることや希望を確認するために行う雑談などアパートに転宅した後に必要となる支援である。また、障害や疾患がない人、高齢でない人など、そもそも公的福祉サービスの対象とならない人もいるが、彼らに対しても、アパートに転宅するまでに必要となる支援とアパートに転宅した後に必要となる支援が必要である。

公的福祉サービスの範囲でできない支援に対しては、公的な費用負担がない。そこで現在は、つくろいハウスに入居する6人分の住宅扶助費から支援にかかる費用を拠出している。しかし、つくろいハウス全体では、支援にかかる費用以外にもハウス全体の水光熱費やオーナーへの家賃負担、建物・居室の修繕費などの費用がかかる。つくろいハウスからアパートへ転宅する人は増加している一方で、運営費は不足している。そもそも、つくろいハウスはマンションのオーナーが低廉な家賃でマンションを貸してくれているから事業を続けられているのであって、理解のあるオーナーがいなければ、支援を行うことも難しくなる。

このように、公的福祉サービスの範囲ではできない支援に対しては、公的な費用負担がないことから、住宅扶助費から支援にかかる費用を拠出しているが、それには限界がある。また、住宅扶助本来の目的は住居にかかる費用に対する給付であって、支援にかかる費用に対する給付ではないので、生活保護法からみても適切な状態とはいえない。以上から、新しい貧困ビジネスを生んでしまう可能性や柔軟な支援ができなくなるおそれなど、さまざまな懸念はあるが、居宅生活における支援に対して、公的な費用を拠出できるようにすべきである。

その際、居宅生活における支援を生活保護の枠内で行うのか否か、また、居宅生活における支援とはどのような支援を指すのかなどといった、支援対象者と支援のあり方についての議論を行う必要がある。

## おわりに

本稿では、ホームレス状態にある人に対する居住支援の現状と課題について、つくろいハウスの実践をとおして論じてきた。本稿でみてきたつくろいハウスという事業は、ホームレス状態にある人を支えるための事業である。しかし、ホームレス状態にある人を支えるためには、つくろいハウスのみの取り組みでは限界がある。そこで、つくろいハウスの実践をとおして国や自治体の制度や仕組みを変えるための問題提起を行っていく必要がある。

本稿で論じてきたように、国や自治体は、施設の個室化をすすめ、アパート転宅をしやすくするとともに、アパート転宅後支援の仕組みづくりを行うべきである。アパート転宅後支援については、複数の関係性のなかで本人の主体性を尊重することをベースとした支援を行う必要がある。また、国は中年層の人たちが将来への希望をもてるような労働政策を立案・実施する必要がある。さらに、アパート転宅するための支援や居宅生活に移行した後の支援にかかる費用の公的な費用の拠出について、官民で議論していく必要がある。

**参考文献**

稲葉剛（2017）「ホームレス支援とソーシャルワーク」『ソーシャルワーク研究』42(4)255-261頁

山田壮志郎（2016）『無料低額宿泊所の研究―貧困ビジネスから社会福祉事業へ』明石書店

特定非営利活動法人ホームレス支援全国ネットワーク、広義のホームレスの実態と支援策に関する調査検討委員会（2011）『広義ホームレスの可視化と支援策に関する調査報告書』

**注**

1　本稿における「ホームレス状態にある人」とは、路上生活をしている人にとどまらず、ネットカフェやサウナ、ファーストフード店で寝泊まりする人、寮で暮らす人、友人宅に居候する人などや、そのようなところと路上を行ったり来たりする人である。つくろいハウスの利用者たちも、このような人である。また、本稿における「居住支援」とは、ホームレス状態にある人に対して物理的な意味での住居を得るための支援を行うことにとどまらず、自身の家でより良く暮らしつづけていけるように、本人のニーズに合わせた支援を行うことも含めている。

2 生活保護法は、第1条で、最低生活の保障と自立助長をその目的として規定している。

3 本書第4章の吉田涼「貧困ビジネス施設の実態」を参照されたい。

4 第7の3(1)問7-107。

5 山田は、福祉事務所が無料低額宿泊所に依存する背景の一つとして、ケースワーカー不足を挙げ、ケースワーカーを増員すべきとしている(山田 2016：218)。

6 その1事例として稲葉(2017)。

7 つくろいハウスを経由せず居宅生活等を行っている人に対しても数人、支援を行っているが、彼らについては以下の統計から外した。

8 ①居宅・施設移行者等調査。ホームレス支援団体が支援を行い、2008年4月から2010年3月までの間に本人・家族名義の住宅・集合住宅、医療施設、社会福祉施設に移行、もしくは失踪・死亡した人が対象。

②入居者調査。2010年10月1日時点で、ホームレス支援団体の提供する居住施設に入居している人が対象。

③福祉事務所調査。2011年2月の1か月間において、広義のホームレス状況の人に対して生活保護開始したケースを対象。

9 報告書では、本人契約の民営住宅・公営住宅、親族宅、社宅、簡易宿泊所を含めて居宅としている。

10 つくろいハウスでは、生活保護申請前で金銭的に余裕のない人、依存症などのさまざまな理由で生活保護費を使い込んでしまった人などに、米やレトルト食品、缶詰などの食料を無償で提供している。また、衣服や洗面用具など日常生活に必要な日用品も、無償で提供している。それらには、つくろいハウスが購入するものと、個人や企業、団体などから寄付されるものがある。

11 その際、「未来語りのダイアローグ(Anticipation Dialogue)」という支援方法を利用した。参加者は、Bさん、ゆうりんクリニックの医師、看護師、ソーシャルワーカー、筆者である。

第8章

# 日本の精神科医療とハウジングファースト

渡邉 乾

## はじめに

日本では、精神障害を理由にホームレス状態になった人たちが受ける処遇は、つらく、きびしい状況にあります。

日本のホームレス施策は、就労自立させることを成果と定義しており、それまでの間は、集団施設での生活を余儀なくされます。それは、精神障害が理由でホームレス状態になった人たちも例外ではありません。とりあえず施設に入って、金銭管理ができるか、失踪しないか、通院できるか、そして就労できるかと、ステップアップすることを求められます。支援の名のもとに用意させたステップをすべてクリアし、最後にやっとたどり着くのがアパートです。

そのステップを踏むことができず、失踪したり、施設に滞留したりする人たちが非常に多く、施設によってはアパートにたどり着ける人はほんの一人握りとなってしまいます。これは、地域生活が困難であるとされた精神障害者に対して行われる処遇とよく似ています。とりあえず精神科病院に入院して、薬を飲んで、落ち着いたらできないことをできるように練習しましょうと、ステップアップを求められる。そして入院は長期化していくことになります。

この国は、「ホームレス」「精神障害者」を施設収容する文化をもっています。そこに通底するのは、制度や政策の問題だけでは片づけられない、彼らに対して社会のなかで共有される「不安」や「恐れ」という感情です。なにか問題を起こすのではないか。誰かに危害を加えるのではないか。また失敗するのではないか。その「不安」や「恐れ」が彼らを管理しようとし、変容を求めようとします。そしてたどり着くのが施設収容という手段です。

私は、ホームレス状態に陥った人たちや精神障害者の人たちとの関わりのなかで、社会の側が求める管理と変容のための施設収容が、本人たちにとっていかに無益であるかを痛感してきました。

ハウジングファーストは、その「不安」「恐れ」から抜け出すための抜本的な手段です。そう考えて、私は勤めていた精神科病院を退職し、訪問看護ステーション KAZOC（かぞっく）を開設し、ハウジングファースト東京プロジェクトに参加しました。本稿では、日本の精神科医療の問題点をふまえた上で、ハウジングファーストの実践について紹介したいと思います。

## 1　数字で見る日本の精神科医療の現状（注1）

まず、日本の精神科医療の現状を数字で見てみたいと思います。

世界中の精神科病床のなかで、日本の精神科病床が占める割合は19%です。人口が70億人を超える地球上で、1億3千万人弱の日本に、世界の5分の1の精神科病床が集中しています。

日本の精神科病床の数は約35万床です。年間約40万人が入院します。そのうち9割が1年以内に退院します。そして、退院できない1割の人たちを長期入院者と定義します。長期入院者数は約20万人に達します。5年以上の長期入院者は約4万2千人、20年以上の長期入院者は約3万5千人、存在します。

精神科病院を退院した人の平均在院日数は約300日です。先進国（OECD諸国）の平均在院日数は約18日であり、日本はその15倍以上も長い日数になっています。1990年代初頭には約500日に及んでいたので、これでもかなり減っているといえます。しかし、約300日という数字は1年間に退院した人の平均値です。つまり、1年間に退院しない約20万人に及ぶ長期入院者の入院日数は、この数に入りません（死亡退院等は除く）。そのため、長期入院者の入院日数を加えると、平均在院日数は爆発的に増えることになります。

病態別にみると、かつては精神科病院に入院している人の大多数は統合失調症患者でした。近年は、パーソナリティ障害、発達障害、認知症等の患者の数が増加し、統合失調症患者の人数は減少しています。現在の統合失調症患者の平均在院日数を見てみると、実は500日を超えています。つまり、全体の平均在院日数が減少したのは、医療の質の改善とは言い切れず、これまでどおり長期入院を余儀なくされている統合失調症患者と、これまで入院の対象になっていなかった疾患、入院日数が短くてすむ疾患の患者が混在した状態となっていると見ることができます。

長期入院になった人のなかで、１年間に精神科病院を退院する人の数は約５万人です。約５万人が退院するというと、退院してアパートや実家に帰っていると思うかもしれませんが、実は約５万人のうちの約２万人が死亡退院となっています。長期入院者は退院することがかなわぬまま高齢化の一途をたどっており、毎年、約２万人がその生涯を精神科病院のなかで終えているのです。これを業界では「ガンバコ退院」（ガンバコとは棺桶のこと）と呼んでいます。それゆえ、精神障害当事者の間では、精神科病院を無事に生きて脱することができた人たちを「サバイバー」と呼び合うこともあります。また、退院する人の残りの約３万人のなかには、自宅に帰るのではなく、他の病院に転院したり、老人施設に移っている人も含まれます。

どういう形であれ、毎年約５万人の長期入院者が退院していれば、いずれ長期入院の問題は解消されるのではないか、と思われる方もいるかもしれません。しかし、実は１年間に新たに生まれる長期入院者の数も約５万人なのです。そのため、長期入院者の数は変化しません。この背景には、精神科病院がベッドコントロールをしているという問題があります。言い換えれば、精神科病院のビジネスモデルはベッドコントロールであるということです。長期入院者が減った分、新たな長期入院者をつくってベッドを埋めているのです。

日本の精神保健医療福祉の予算配分は、97％が医療費で、残りの3％が障害福祉サービス費です。福祉には予算の3%しかまわっていません。また、医療費のうち、約75%を入院の医療費が占めており、入院に大きく偏っています。予算配分から見ても、日本の精神科医療は入院を前提としています。

これらのことから、日本の精神科医療の課題をスローガン的に言うと、以下の3点に整理することができます。

1点目は「入院中心から地域生活支援へ」、2点目は「長期入院者の地域移行・退院促進」、3点目は「実行可能な権利擁護制度の確立」です。

## 2　解消されない社会的入院

2004年に、厚生労働省は「精神保健医療福祉の改革ビジョン」を公表しました。ここで、社会的入院者が7万2千人存在し、それは人権侵害であると認めました。そして、10年間でこれを解消するとしました。

社会的入院者とは、治療の必要性はないが、退院先がないために、入院を余儀なくされている人たちです。彼らに必要なものは、入院医療の継続ではなく、地域で生活するための支えとなる社会資源です。これを確保するのが国と社会の責任であり、確保できていないことが人権侵害であるということです。

厚生労働省がこうした改革ビジョンを出さざるをえなかった背景には、2002年にWHO（世界保健機関）から、病院収容型から地域生活支援型への転換をするようにと、強く指摘を受けたという経過があります。

しかし、10年が経過しても、状況は大きく変わることはありませんでした。むしろ、非自発的入院（強制入院）は約6割増加し、身体拘束（ベッドに身体を固定される処遇）は約2倍となり、権利擁護に関しては大きく後退しています。閉鎖病棟は全体の約7割に達し、任意入院（同意のもとによる入院）者の閉鎖処遇率も増加の一途です。今、この瞬間にも、精神科病院のなかに約14万人の人たちが強制入院させられ、約2万人の人たちが隔離・身体拘束を受けています。

改革ビジョンで「解消する」と宣言した7万2千人の社会的入院者はど

うなったのでしょうか。厚生労働省は、途中で計算のし方が違ったかもしれないと、統計をとることをやめてしまいました。そして、2016〜2017年には「これからの精神保健医療福祉のあり方に関する検討会」において、人権侵害と定義した社会的入院の対象者数を下方修正するかのように、社会資源が整っても退院することが難しい人に対して、「重度かつ慢性」という新たな基準を設けるとしました。

現在、「重度かつ慢性」とラベリングされた長期入院者には、地域生活を送るために必要な社会資源の確保ではなく、これまでよりさらに強力な治療（クロザピンの投与(注2)、電気ショック療法）が行われるべきという議論が進められています。しかも、その対象者は長期入院者の約６割（約11万人）に達するという研究班の報告が出されています。

この議論をこのまま容認すれば、厚生労働省がみずから人権侵害と認めた社会的入院の存在はうやむやになり、長期入院が解消できない理由は、国や社会の責任ではなく、重い障害をもってしまった個人の責任となってしまいます。これでは、地域移行・退院促進どころか、隔離・収容型の政策が今後も延々と続くことになってしまいます。

なぜ、日本の精神科医療を変えることができないのか。もっとも大きな理由は、日本の精神科病院の約90％が民間資本によって経営されているためです。病床数を減らすということは、民間の病院を廃業させるということであり、病院で働いている労働者の雇用を奪うということです。何とか生き延びようとする病院経営者の強欲を、国はコントロールすることができないのです。

このような状況に陥ったのには理由があります。

第二次世界大戦によって日本の精神科病床は激減しました。戦後、国は病床数を増やそうとします。その時に、要入院者とされた人数が約35万人でした。病床を増やす際、国はいくつかの致命的なミスを犯しました。まず、新憲法のもとでつくった精神衛生法という法律が、強制入院、閉鎖処遇しか規定していなかったことと、責任の所在を保護者に押し付けたこと。強制入院の権限を、民間の精神科病院の医師に与えてしまったこと。民間精神科病院設置に対し低金利で国庫補助を行い、民間病院数を爆発的に増やしてしまったこと。その際、医師、看護師の確保が間に合わず、精神科病院はその他の科に比して医師の数が3分の1、看護師の数が3分の2でよいという「精神科特例」を発令したこと。診療報酬を他の科に比して3分の1に抑えたこと。などが挙げられます。

これらのミスにより、本来、国が果たさなければならない責任は放棄され、民間精神科病院が精神保健全体において大きな権力をもつことになります。

以降、国はミスを重ねていくことになります。1964年に、駐日アメリカ大使が刺傷された「ライシャワー事件」では、犯人の青年に精神科治療歴があったことから、精神障害者全体に対しての拘禁を強める目的で精神衛生法を改定し、社会防衛的な役割を精神科医療に押し付けます。国は民間精神科病院に強制入院権限と社会防衛機能を与え、長期収容型の入院体制を容認していきました。その結果、精神科病院経営は長期収容型、低医療費、低人員配置のビジネスモデルを構築していきました。

民間精神科病院がつくり上げた権力は強大で、いざ厚生労働省が病床を減らそうとしても、病床を減らすと事件や犯罪が増える、病院がなくなると労働者の雇用がなくなる、などの圧力を受け、変革は遅々として進むことはありませんでした。

実は、日本の精神科医療は、1968年にもWHOから勧告を受けています。いわゆるクラーク勧告です。ここで、「施設収容が進んでおり、精神保健全体は後退している」「長期在院患者は増える一方で、地域精神保健活動は十分に成長していない」「精神病院のコントロールがされていない」「地域サービスがきわめて不十分である」などの指摘を受けています。つまり、50年前から問題は何も変わっていないのです。そもそも日本の精神科病院は、治療を行うためのシステムとして制度設計されていなかったと言わざるをえません。

21世紀に入ってからも、社会防衛が目的であるかのような、精神科医療の拘禁性を高める法律は生まれています。心神喪失者等医療観察法という、いわゆる触法精神障害者を対象とする法律です。この法律も、2001年に大阪教育大学附属池田小学校で殺傷事件を起こした犯人に精神科治療歴があったことが、発端となりました。危険な精神障害者に対し、精神科医療が責任を果たしていない。触法精神障害者に対して特別な治療施設が必要だと。

2002年に医療観察法が国会に上程された際、精神障害当事者、家族、労働組合等が反対運動を起こし、さまざまな専門家や団体が批判的な声明を出しました。しかし、当時の小泉政権のもとで強行採決されます。この医療観察法の最大の問題点は、病状の改善や社会復帰支援という医療・福祉的な視点を建前としつつ、再犯の防止という刑事司法的な視点をそこに混在させている点です。このことにより、再犯の恐れがなくなるまで入院処遇を受けつづけないといけなくなりました。

結果、医療観察法の施行から10年以上がたち、どうなったかというと、平均入院日数は1000日に迫り、対象者の自殺率は一般の自殺率の約75倍に達しています。さらに、医療側が入院処遇の終了を申し立てても、司法側（地方裁判所）が申し立てを却下する事例が報告されています。そもそも、この法が生まれるきっかけとなった池田小事件を起こした犯人は、精神鑑定が行われた結果、責任能力が認められ、起訴され死刑となっています。つまり、立法事実すら存在しないのです。

また、入院に対してかかる一人分の入院医療費は、通常の精神科入院医療費の４倍の額になっています。この国の精神科医療は、犯罪のリスクに対して多額の予算が注ぎ込まれており、市民の健康増進という視点を大きく欠いているのです。

## 3　失われた変革の機会

一方で、日本の精神科病院も、変革の機会がなかったわけではありません。歴史を振り返ると、いくつかの機会は存在したように思われます。

たとえば1970年代ころから、学生運動を闘った団塊の世代が労働者になりました。そのうち精神科病院のなかに入った人たちが労働組合員となり、彼らを中心に開放化運動が取り組まれます。当時、全閉鎖、強制入院を前提としていた入院形態を、法的根拠なく開放処遇、自由入院に切り替えていきました。また、こまごまと機能分けされていた病棟（男女別病棟、隔離病棟、結核病棟等）を、入院病棟という一つだけの機能に解体・統合する病院もありました。今の感覚では想像がつきませんが、労働組合がその活動として閉鎖病棟の扉を開け、開放化してしまうという病院が存在しました。

しかし、抜本的な解決には至りませんでした。その原因は、労働組合や改革派の医師たちが、精神科病院を廃止するのではなく、病院経営側と一体となり、医療機関としてまっとうな医療を提供できるようにしようという方向に舵を切ったことにあると思われます。その結果、労働条件は改善し、診療報酬体系は整備され、新たな専門職、専門病棟が誕生していきました。

この時期、多くの先進国では、長期収容型の精神科医療を改革する動きがありました。入院中心から地域生活支援中心への変革を実現した多くの国が、精神科病院を捨て、脱施設化を行いました。日本はその流れに逆行し、民間精神科病院資本の肥大を止めることなく、病床を激増させていきました。皮肉なことに、療養環境と労働環境を良くしようとした結果、隔離と長期収容という根源的な問題を温存したまま精神科病院は繁栄をきわめていきます。

記憶に新しいところでは、2009年の自民党から民主党への政権交代があった際、変革への大きな機会が訪れました。政権交代が実現した背景に、障害者自立支援法の廃止をめざす違憲訴訟運動がありました。障害者自立支援法は、「自立」の定義を、支援を享受することからの自立という狭義の枠に押し込め、障害福祉サービスを受けなくてよい状態になることを支援の目的とすることを強いました。また、同法は、日常生活の維持に必要な支援に対して、支援の量に応じて自己負担を強いる「応益負担」をとる制度でした。それは憲法で保障される基本的人権を侵すものだとして、障害者団体が中心となって廃止を求めて運動を起こしました。民主党はこの法の廃止と新法の制定を選挙公約に掲げました。

そして、政権交代が実現します。その後、内閣府に発足したのが、障がい者制度改革推進会議です。ここで2011年、「障害者総合福祉法の骨格に関する総合福祉部会の提言」（いわゆる「骨格提言」）が出され、閣議決定されます。

この時の議論の柱になったのが障害者権利条約の視点です。障害者権利条約では、「他の者との平等」の担保を社会の側の責任としているため、日本で行われている精神障害を理由とした強制処遇は、条約の理念に反します。その観点から、「骨格提言」では、非自発的入院の抜本的な見直し、権利擁護制度の確立、社会的入院の解消、保護者制度の廃止等が必要と指摘されました。この「骨格提言」の閣議決定は、障害者総合支援法を生み出しただけでなく、強制入院を規定している精神保健福祉法の改定も促すことになったのです。

この精神保健福祉法改定は、精神科医療がはらむ積年の課題を解消する絶好の機会になりました。「骨格提言」で保護者制度（注3）を廃止することが決まったからです。精神科病院への非自発的入院には、措置入院と医療保護入院があります。医療保護入院では、精神保健指定医と保護者の同意で非自発的入院をさせることが可能ですが、保護者制度が廃止されると、医療保護入院が成立しなくなり、非自発的入院は措置入院だけになります。近年、措置入院は年間約７千人ですが、医療保護入院は年間約 17 万人で、桁（けた）が違います。そのため、医療保護入院がなくなれば、非自発的入院が抜本的に解消するということになります。

2014 年の改定精神保健福祉法では、保護者制度が形式的には廃止されたものの、「保護者」の代わりに「家族等」という新しい規定が生まれ、医療保護入院はなくなりませんでした。「骨格提言」で求められていた人権の視点での抜本的な改善は、いっさい行われなかったのです。この時、政権はすでに自民党に戻っていました。

「骨格提言」で指摘された他の事項も、すべて棚上げになってしまい、障害者総合支援法では、附則で３年後の法の見直しが明記されました。ところが、2016 年５月に成立した３年後の見直し法（改正障害者総合支援法）はまったく不十分なものでした。

さらに、同年7月に相模原市の障害者施設「津久井やまゆり園」の入所者殺傷事件が発生し、犯人が措置入院の経験者だったため、厚労省に設けられた再発防止策検証・検討チームの議論では、措置入院者を退院後、どのように管理するかということばかりに焦点が当たりました。そして、2017年2月には、措置入院した人の退院後の監視を強化する精神保健福祉法改正案が国会に上程されました（同年10月の衆議院解散で廃案となったが、再度上程されることは確実と思われる)。

相模原事件の容疑者は、その後、精神鑑定を受け、「責任能力あり」とされて起訴されています。措置入院と事件は関係がないことが判明したわけですが、措置入院者を医療や支援の名のもとに管理しないといけないという方向に議論が流れていってしまう。このように、日本の精神科医療は、人権侵害だから改革をしなければならないという波と、地域社会が危ないから管理しておかないといけないという波を繰り返しているのです。

## 4　精神科病院に就職して

私は作業療法士の専門学校を卒業し、社会人として初めて就職したのが精神科病院でした。精神科領域で働く作業療法士の約90%が精神科病院で働いています。そして私も、特に疑問ももたずに精神科病院に就職しました。

精神科病院に就職して、最初に私が担当したのが慢性期女子閉鎖病棟でした。平均在院日数が約20年の病棟でした。病棟の師長が当時、私に教えてくれたのが、「10年前は平均在院日数が10年だった。10年経ったら20年になった」ということでした。

当時の病棟の医長が私に教えてくれたのは、「精神科病院は、命の次に鍵が大切だ」ということでした。鍵の文化というものを、その時、初めて知りました。精神科病院は閉鎖処遇が前提だということです。

私は学校で4年間、リハビリの勉強をしてきて、病院から退院することを手助けするのがリハビリテーションだと思い、そのような仕事をしようと思って精神科病院に就職したのです。しかし、病棟で与えられた仕事は退院を目指すことではありませんでした。四季折々の季節感を感じられる、豆まき、ひな祭り、夏祭り等々のレクレーション、安全安心にその病棟で人生を過ごしていくことができるようなレクレーションを提供することが、私の仕事だったのです。

そういうことを仕事として取り組んでいくことに、どうしても心の折り合いがつきませんでした。

## 5　労働組合運動を始め、病院の外に出る

就職して２年目のある日、作業療法室が不審火で焼けるという事件が起こりました。精神科の作業療法は、診療報酬制度上、専用施設の設置が必要ですが、それがなくなってしまったのです。病院側は、病棟内のデイルームという入院患者の共有スペースで作業療法を実施するという方針を出しました。専用施設がない状態での作業療法の実施は、完全な違法行為です。これにはさすがに従ってはいけないと、強い反発心を覚え、労働組合をつくることを思い立ちました。そして、病院経営側に対して「作業療法専用施設をつくれ」と、要求を始めました。

その直後、副院長、課長、作業療法士の上司に呼び出され、デイケアに異動だと言われました。デイケアは退院した人が通ってくる通所施設です。ただ、そのデイケア室は、作業療法室と一緒に不審火で焼けてしまっていたのです。そのため、デイケアは存在していませんでした。つまり、存在しない部署に異動となったのです。それから、私の窓際生活が始まりました。

窓際生活になった私は、院内での存在意義がなくなっていました。そのため、みずからの存在意義を求めるかのように、いろいろなところに出かけていきました。精神科病院の労働組合でつくる全国組織（全国精神医療労働組合協議会）に入り、たくさんの情報、ネットワーク、学びの機会を得ました。

毎年行われている、厚生労働省との交渉に参加し、日本の精神科医療の現状と制度・政策について知りました。国内で先進的な取り組みをしている京都のACT-Kや北海道浦河町にある浦河べてるの家での研修に出かけ、精神

科病院を廃止したイタリアのトリエステに行く機会にも恵まれました。

2011 年に東北の震災があった時には、福島県の相双(そうそう)地区という、原発にほど近い地域に支援に行きました。この地域にあった 4 つの精神科病院は、原発の爆発の影響によって、すべて閉鎖となっていました。相双地区の精神保健に関係する人たちが、病院ではなく、地域生活を支援する新しいシステムをつくろうと NPO 法人を立ち上げました。私はその仲間に入れてもらい、復興に向けて奔走する現地の人たちの姿を見ているうちに、精神科病院のなかで何かを変えようとし、しかし、何も変えられずにくすぶっている自分自身に対して、このままでよいのかと疑問をもつようになっていました。

## 6 精神科医療とホームレス施策の共通点

2011 年ころには、たまたま地元の精神科病院に転職してきた、池袋でホームレス支援活動をしている精神科医の森川すいめいさんと知り合い、その影響で、池袋で行われている炊き出しや夜回りに参加するようになりました。支援団体の運営にかかわるようになると、ホームレス状態になった人たちが施設収容されていく現状を知りました。収容の目的は就労自立で、それがかなわない人たちは収容期間が長期化してしまいます。集団施設は大部屋で、その環境になじめない人は失踪し、また路上に戻ってしまうということも知りました。

「アパートに住みたい」「個室で休みたい」と訴える人を、何人も集団施設に見送りました。「誰かに狙われている」「助けてほしい」とおびえる人が、何人も精神科病院に収容されていきました。路上で SOS を出しているにもかかわらず、支援者には助けるすべがなく、どこかへ消えていく人たちを何人も目の当たりにしました。そんな現状に、たくさんの支援者が疲弊し、路上支援の現場を去っていきました。住まいを取り戻し、当たり前の生活を送りたい。その願いをかなえるためのハードルが、あまりに高く、あまりに困難な道のりであることを知りました。

そんなホームレス状態の人の約半数に何らかの精神疾患があるという調査

結果があることも、このころに知りました。それが「ハウジングファースト」との出会いでもありました。

池袋の路上生活者支援は、他の地域の支援と少し違った部分があります。それは医療・福祉の視点です。炊き出しや夜回りに医療や福祉の専門家が混じり、SOSを出してきた人に支援を行います。その時に重視されていたのがハウジングファーストでした。

池袋では、この支援により、アパートを借りることが認められ、地域生活を取り戻すことがかなった人たちが徐々に増えてきていましたが、当時は、そうした人の支援をすべてボランティアで行っていました。現場は疲弊しており、路上から脱してアパートを取り戻しても、その後の生活支援をする基盤が弱くては、アパート生活は安定しないことを知りました。

私は、精神障害のある路上生活者が行政から受ける処遇が、精神科病院に強制入院させられている人の入院が長期化する構造と非常によく似ていることに気づきました。

彼らが生活を再建したいと思って福祉事務所に相談に行っても、「とりあえず」集団施設に入れられてしまいます。そこでは、酒やギャンブルはやらないか、金銭管理はできるか、通院はできるか、集団のルールに従えるかと、あらゆるジャッジメントを受けることになります。そのうえで、できないことを洗い出されて、それを克服することをステップとして与えられます。そのすべてがクリアできて、初めて、アパートへの引っ越しが見えてくるのです。その多くの権限を福祉事業所がもっており、ゴールにたどり着けない人は長期滞留してしまうか、失踪して再路上化することになります。

精神科病院の長期入院もそっくりな構造です。地域での生活が、精神症状や障害を理由に困難になると、誰かが保健所や医療機関の相談につなげます。そこで、「とりあえず入院して、お薬飲んで、落ち着いてから今後のことを考えましょう」という対応を受けるのが、よくあるパターンです。

入院すると、医者や看護師、ソーシャルワーカー、作業療法士、心理士など、たくさんの職種から診察やアセスメント、心理検査などの名目で、各々のジャッジメントを受けることになります。そして、それぞれの職種から、病識がどうだとか、睡眠状況がどうだとか、清潔保持がどうだとか、対人関係がどうだとか、病棟のルールに従えてないとか、できないことが克服すべきステップとして課せられます。それらをクリアすることで、退院してアパートとかグループホームで暮らしてみましょうか、ということがゴールとして用意されます。その多くの権限を精神科病院がもっており、そこにたどり着けない人は、長期入院になっていくという構造です。

この二つの施設収容期間が長期化していく構造は、本当によく似ています。

まず、問題を収容施設に丸投げする「とりあえず」という出発点です。その言葉に内包されているのは、安易にアパートを与えるとまた失敗するのではないか、彼らがこのまま地域社会にいると危ないことを起こすのではないか、という不安や恐れから来る悲観的な未来予測です。

次に、数々のステップを用意し、ゴールにアパートを設定するステップアップ方式の支援構造です。ここから出るためには、もう失敗はしないと証明して信頼を勝ちえないといけません。そして、そのハードルは、すべての人が超えるためにあるのではなく、超えることができない人を選別するために設定されています。

また、仮にアパート生活を取り戻したとして、そのあと、継続的に安定した支援を供給できる資源が決定的に足りないという点です。

そして何より、彼らを長期収容することで成立してしまう、施設側のビジネスモデルです。

そもそも、今までの生活では破たんしてしまったのだから、今度はより良い住環境や生活支援を提供するほうが生活の破たんを防ぐことができる、と考えるのが自然なはずです。しかし、集団施設や閉鎖病棟という、より劣悪な環境にステップダウンさせてしまう。それでは上手くいくはずがありません。

こうした現状を見て、一つの仮説に思い至りました。精神障害をもったホームレス状態の人をハウジングファーストで支援できるということを証明できれば、それは同時に精神科病院に長期入院している人の退院促進・地域移行もハウジングファーストでできるのではないか。ホームレス支援と精神科医療、その双方が抱える課題を、同じ支援システムで解消することができるのではないか。

これが私の達した結論です。精神障害を理由にホームレス状態を経験した人でも、生活を再建し維持継続することが可能だということを証明したい。そして、まったく同じ方法で、精神科病院がなくても大丈夫だということを証明したい。そのために必要なものをつくり出し、施設収容中心から地域生活支援へというパラダイムシフトを起こすことを、自分の使命にしようと考えました。そして、６年間続いた精神科病院での労働者生活に終わりを告げることを決めました。

## 7　訪問看護ステーションの５つのコンセプト

精神障害をもった人たちを地域で支援するためにいったい何を始めるべきか、森川すいめいさんと相談を繰り返し、2013年、訪問看護ステーションKAZOCを開設しました。まず、練馬区と豊島区に事業所を設置しました。練馬区では地元の精神科病院と同じ町内に事業所を設置し、豊島区ではホームレス支援の一角を担うため、ハウジングファースト東京プロジェクト（以下、東京プロジェクト）（注4）に参加することにしました。

訪問看護ステーションを運営するにあたって、次の５つのコンセプトをつくりました。

①　管理しない、変容を求めない

精神科病院に入院しなくても大丈夫だということを証明したいと思った時に、いったいなぜ入院になるのかと考え、たどり着いた結論がこれです。地域で生活していくなかで、精神症状や障害を理由に生活がうまくいかなくなると、自分以外の誰かによって小さな管理が始まります。両親や保健所、医療機関が、通院や服薬、デイケアへの通所という形で管理をしようとし、本人はそれに従いたくない場合、反発をします。そうなった時に、一度、管理する方向に舵を切ってしまうと、その方向性は修正できず、より管理を強めていくことになります。本人の反発が収まらないと、管理はどんどんと強くなり、行き着く先が施設収容だと考えました。

施設収容先が精神科病院での強制入院となった場合、精神薬の強制投与が行われます。その目的は、薬を飲まないときに起きている何かを問題とし、薬によってその状態を変えるということです。つまり、強制的に変容を強いる状態です。

私たちは、管理や変容を求めることを行わないと決めました。

② 訪問看護だけでは地域生活支援は成立しないと認める

「住まい」「活動」「ケア」の３本の柱の提供をコンセプトに掲げました。安心して休むことができる住環境、尊厳をもって参加することのできる日中活動、そして本人のニーズに柔軟に応えることができるケア、という３つの視点が大切です。

訪問看護によるケアの提供のみでは、人の生活は支えることができない。そのことを認め、既存の地域資源と積極的に共同してネットワークを構築していくことや、必要な地域資源をみずからつくり出すことを大切にしようと決めました。

③ クライシスを地域で対応する

クライシスとは、生活が破たんしそうな時や、家族がバラバラになりそうな時などの危機的な状態のことです。精神科病院は、クライシスへの対応という役割を地域社会から担っています。私たちがクライシスを地域で対応することができたとしたら、精神科病院は大義名分を失います。大義名分を失った組織は、そのままではいられません。私たちはクライシスを地域で支援するというテーマを掲げました。

④ ホームレスと長期入院の解消

この二つを同じ方法、つまりハウジングファーストで行うということです。

⑤ 病院職員の受け皿をつくる

日本の精神科医療の問題点の一つは、患者だけでなく、職員も精神科病院のなかにいるというところです。精神科病院には、このような職員の雇用の受け皿となっている側面があります。また、地域支援をしたいと思っても、働く場所が少ないという問題もあります。

精神科病院のなかで働く職員の、地域での雇用を生み出すことが必要だと考えました。

### 8　住まいを取り戻すことから、回復は始まる

これらの５つのコンセプトにもとづいた具体的な支援方法がハウジングファーストです。

ハウジングファーストは、アメリカで始まった、重度精神疾患をもっている、長期化したホームレスの人たちを支援するためのプログラムです。リカバリーとハームリダクション（注5）が支援の柱です。彼らに対し、まず最初に住まいを取り戻すことに集中した結果、住宅維持率は85%から90%に及びます。

住まいを取り戻すと、なぜ回復（リカバリー）するのでしょうか。

池袋でホームレス支援にかかわる内科医の西岡誠さんは、「野宿している人たちにとって、明日の仕事、今日の食料がとても大切です。そして、仕事がなくても、食料がなくても、人は眠らなければならない。いちばん大事なのは、寝場所を確保することなのかもしれません。一般の人たちが空気と思っているようなことの優先順位が上がり、そのため健康が後回しになってしまいます」と指摘しています。住まいがないということは、回復どころではない状況に置かれるということです。

また、住まいをもつことは、誰もが等しくもっている基本的な権利です。住まいを失うに至るまでの過程で、彼らの尊厳が傷ついてきたことは想像に難くありません。当たり前の権利を取り戻し、自律した生活と人間関係を再開することで、傷ついた尊厳は少しずつ癒えていき、市民としての当たり前の生活の繰り返しの先に、回復をする可能性は芽生えてきます。まさに、住まいを取り戻すことは、スタートだと言えます。

ハウジングファーストで大事なのは、ノージャッジメントということです。家に住めるのか／住めないのか、地域で生活できるのか／できないのか、と

いうことを事前にジャッジしないことが大切です。「住まいを取り戻すから良くなる」と信じた立ち位置に立ちつづけて支援することが重要です。

ハウジングファーストモデルを精神科病院の長期入院者の退院促進に流用するということは、ノージャッジメントで家を取り戻すことに集中し、その住まいを取り戻すためにはどうすればよいかという発想で支援構造を組むことを意味します。精神科医療においても、ステップアップ方式をやめて、「最初に住まいを取り戻す」「住まいを取り戻したから回復する」いう考え方で退院促進をできないかと考えています。しかし、精神科病院から患者を連れ出すのは非常にハードルが高く、そう簡単には実現できていないのが現状です。ホームレスの人たちへの支援で実践を重ね、いつか必ず、長期入院者に対して実践できるようになりたいと思っています。

訪問看護ステーションKAZOCを立ち上げてから、もうすぐ5年がたとうとしています。これまで40人以上の精神疾患をもった路上経験者の支援をしてきました。そして、この間の彼らの住宅維持率は90%を超えています。行政やその他の支援機関から、生活再建は無理だとジャッジされた人たちです。彼らは住まいを取り戻し、私たちと同じ地域社会のなかで、彼らなりの生活を取り戻しています。

これまでの道のりを振り返ると、彼らをハウジングファーストの理念で支援しようと決めた時から、私たちはたくさんの苦労と向き合ってきました。とりわけ事業開始直後は、ただただ困難の連続でした。

利用者が、私たちのアドバイスを聞いてくれない。アルコール依存症の人の家に訪問すると、昼間から酒を飲んで酔っ払っている。「お酒は飲まないほうがいいですよ」と言っても、「では、今日からやめますね」といくわけがない。私たちにできるのは掃除だけ、ということがよくありました。彼らのもとに訪問看護として行くことに何の意味があるのか。考えてもわからない。負の感情がたまって、彼らとの仲が険悪になる。では、いっそのこと酒を一緒に飲んでみようと試したら、そのまま連続飲酒になってしまい大暴れ。警察沙汰も珍しいことではありませんでした。失踪する人もいる。血圧が高いから薬が必要だけど、通院を拒否する。部屋がゴミ屋敷になってしまったので片付けようとすると怒る。

現場はすぐに疲弊しました。半年で辞めた人や、出勤しなくなった職員もいました。私たちは専門的な知識と経験をもっているから、それを訪問看護として役立てることができると思っていました。しかし、そうではなかったとすぐに気づきました。いったい何をしたらいいのか、わからなくなってしまいました。

その一方で、皆で集まって日中活動やイベントを行いました。手工芸や食事会、花見やスカイツリーの見学などのレクリエーションも行いました。北海道にも行きました。それは、訪問看護という医療の枠のなかの出来事ではなく、地域のなかで孤立しないようにと東京プロジェクトでもともと行われていた活動への参加でした。専門家と利用者という関係ではないところで交流する時間が蓄積されると、彼らとの関係性が変わってきました。最初は困った「アルコール依存症患者」だった人が、同じ地域で生活する「知り合い」になり、その人が一市民として生活している姿が見えてきました。それが見えてきたとき、私たちの訪問看護に臨む姿勢が変わってきました。彼らが抱える困難が解消される瞬間は、訪問看護の時間のなかではなく、私たちが関わらない圧倒的多くの地域での日常生活のなかで起こっていました。私たちがやるべきことは、その日常生活が彼らにとって回復をもたらすものであることを信じ、生活の場を守ることでした。そして、本当に困った時、いざという時には全力で助けるということです。

また、求められていたのは、アドバイスではなく、アイディアでした。言い換えれば、こうしなければいけないという一つの答えではなく、やれることはまだあるという可能性の示唆でした。そして、さらに重要なことは、それは私たちだけでは実現が不可能であり、多くの人たちの助けが必要だということです。そのために、たくさんの地域資源とつながる必要があるということを身にしみて理解しました。それがなければ、私たち支援者も、彼らとともに孤立し、希望は閉ざされていくことになってしまいます。

Aさんのこと

訪問看護を始めたばかりのころ、夜回りでAさんという70代の男性に出会いました。彼は、数年前から体力が低下して日雇いの仕事ができなくなり、路上生活に陥っていました。仲間の精神科医の診断で、軽度知的障害、認知症の疑い、抑うつ状態が指摘されました。

彼は路上の仲間から、NPOに付いていくと地方の集団施設に連れていかれるという噂を聞き、それを信じ、誰にも見つからないようにひっそりと路上の片隅に隠れるように生活をしていました。私たちを警戒する彼に、アパートに入りたいか聞きました。答えは即答で、「入りたい」でした。すぐにアパートを借り上げ、彼に又貸しする形で賃貸借契約を結び、生活保護を申請して入居してもらいました。近くの精神科にもつなげ、訪問看護を開始しました。

アパート生活が始まってわかったことは、彼は電化製品の使い方がわからないことと、生活費を途中で使い切ってしまい食費がなくなるということでした。私たちは電化製品と生活費の使い方を教えようとしました。しかし、彼は関心を示しませんでした。冷蔵庫と電子レンジは食器棚として使われるようになり、洗濯は手洗いで、入浴はせずタオルで体を拭くだけという生活を続けました。生活費は相変わらず月末にはなくなっていました。

一方で、彼は移動が非常に得意で、アパート入居後も、都営の無料パス券を駆使し、各地の炊き出しに行って友人に食事を振る舞っていることがわかりました。同時に、彼にとっては、そのつながりがとても大切なものであることを知りました。私たちは彼への支援を再検討し、彼が大切にしていることを大切にしつづけられるように、健康状態に気を配っていくことと、月末には食料支援を行い、生活を維持させていくことを決めました。

お盆の時期になると、彼から20年ぶりに栃木県の実家に帰って墓参りがしたいと相談がありました。路上生活になってから自分が情けなくて帰郷できなかったが、アパート生活を取り戻したら帰りたくなったとのことでした。私たちは実家に帰る計画を立てることにしました。調べてみると、甥っ子が実家を継いでいることがわかり、実家に立ち寄る許可を得て、日帰りの予定で帰郷が実現しました。後日、報告を受けると、うれしいことに甥っ子は快く迎え入れてくれ、日帰りではなく宿泊させてもらい、アパートまで車で送り届けてもらったとのことでした。

その年の年末、彼は絶縁していた弟宅に泊まりに行き、年始には、実家に３日間ほど宿泊しに行きました。年明け、楽しそうに正月の思い出を語る彼を見て、私たちが支えるべきことはいったい何なのか、改めて考えさせられました。

その後、Ａさんは何度も体調を崩して入院し、少しずつ移動が難しくなっています。そんななかですが、今年の正月も、恒例になった実家への帰郷を無事にすませることができました。

Bさんのこと

若い時から何度も生活保護を受けたり切れたりしながら、定住することなく路上生活を続けていたＢさんという60代の男性がいました。彼は福祉事務所から、厄介者扱いをされていました。昔、名前を売買したらしく、生年月日も本名も不明という状態でした。精神科病院への入院歴もありました。

謎の多い彼を、共に東京プロジェクトを担う「べてぶくろ」が運営していた共同住居で受け入れ、訪問看護も開始しました。しかし、定住するどころか、帰ってくるのは１週間に１回、管理されている生活費を受け取る時だけ。あとは、ファミレスやネットカフェを渡り歩いて生活をしていました。

彼は清潔を保つことが苦手で、着替えも入浴もせず、衣シラミがついたり、蜂窩織炎（ほうかしきえん）という皮膚の感染症になったりしました。訪問看護では、清潔を保つために入浴介助をすることになりました。しかし、あれこれ理由をつけて、なかなか入りません。彼が入浴できない理由は、昔、銭湯で入浴している時に持病のてんかん発作で倒れたことがあり、そのトラウマからでした。また、体調が悪くなると、救急車を呼んで入院するという行動パターンをもっていました。支援者は、そのたびに救急隊や病院から呼び出され、現地まで迎えに行く羽目になり、手のかかる人でした。一方で、非常に愛嬌があって、たくさんの友人が彼の周りにはいました。

彼が来てから1年ほど経ち、東京プロジェクトの都合で共同住居を撤退することになりました。理由はともかく、彼はアパートへ転宅することが決まりました。生年月日、本名が不明のため、アパート探しは難航しましたが、当時勤務していたソーシャルワーカーの努力により、何とか入居にこぎつけました。私たちは迷いをもちながらも、彼への支援を、彼からの連絡があった際は、場所・時間を問わず柔軟に対応することに決めました。予想通り、定時に会うことはほとんどできませんでした。何か困ったことがあると出先から電話があるので、可能な限りその場に行って話を聞いたり、トラブルに対応してきました。

しかし、ある時から、妙に腰の痛みを強く訴えるようになり、アパートにいることが多くなりました。恐る恐る病院を受診したところ、進行した肝臓がんであることがわかり、入院となりました。彼はみるみるうちに衰弱していきました。それでも生きたいという気持ちは最後まで潰(つい)えず、病床から、「見舞いに来てほしい」とよく電話が来ました。私たちはいろいろな人に声をかけ、皆でお見舞いに行きました。

入院して4か月後、彼は亡くなりました。最後まで生に執着し、たくさんの友人にお見舞いを受けながら亡くなったBさんから、私たち支援者は、本当はもっと健康的な生活を送るほうが良いのにという心配と、それでもたくさんの友人と想いのままに生きる人生を尊重したいのだという理想の間で、答えの出ない葛藤を抱きながら活動をしていくことになるのだということを学びました。

### Cさんのこと

Cさんは、2014年に立ち上がり、東京プロジェクトに合流した「つくろい東京ファンド（以下、つくろい)」の支援を受けてアパートに入居した、アルコール依存症の50代男性です。うつ病の診断で精神科に通院していて、つくろいから継続支援を受けていました。

しかし、連続飲酒に陥り幽霊が見えるようになり、訪問看護を始めることになりました。訪問に行ってみると、ご本人は「まだ介護を受ける年齢ではない」と支援に拒否的でした。飲酒のために食事が摂れなくなり、徐々に衰弱していきました。外出が困難になると、つくろいのスタッフに、酒を買ってこいと怒鳴るようになりました。また、自力で外出して道で倒れて救急搬送されることがありました。私たちは困惑し、つくろい、福祉事務所、母親、仲間の精神科医に相談を繰り返し、自力での回復は無理だと判断し、精神科病院への入院を勧めました。しかし、答えはNOでした。支援拒否はいっそう強くなり、死をほのめかすようになりました。

そんななか、階段から転倒し腕の骨を折る重傷を負ったと連絡が入り、整形外科に入院となりました。私たちは改めて支援方針の検討を行いました。その結果、彼の地域から孤立した現状、尊厳をもって参加する活動の不在、アパートは取り戻したものの、市民としての生活はまだ始まっていないことを、改めて確認しました。まずは私たちが彼とのつながりをつくり、地域社会との橋渡し役となることを決めました。そして、入院中から頻繁に病床に顔を出すことにしました。退院後には、支援拒否はなくなっていました。

現在、訪問看護では、趣味の将棋を指したり、レクリエーションとしてホームパーティーを開いたり、つくろいの運営するカフェで花を活けてもらったりと、多くの作業活動を行っています。しかし、酒はやめられていません。アルコール依存症からの回復に大きな助けとなるのが、再飲酒をしたときにかばってくれる仲間の存在です。その仲間が不在の場合、私たちにのしかかる負担は、身に余る重さとなります。その負担が私たちを困惑させ、不安の渦に引きずり込みます。そして、精神科病院への入院という強制手段が頭をよぎるのです。命は守らなければなりません。

しかし、精神科病院に入院しても本当の意味での回復はありません。このような状況の中で、私たち支援者は自らの不安と向き合っていかないといけません。そのために、支援者自身が孤立せずに、さまざまな仲間とつながっている必要があるのです。地域生活にストップをかける前に、まだやれることはないのか、可能性を模索しつづけることが必要です。仲間とのつながりを回復できていないＣさんの酒の苦労は、これからも続くでしょう。私たちはこれからも、多くの苦労を彼とともにすることになりそうです。

精神障害をもった人たちへの訪問看護の目的は、服薬管理が最も重要だと、よく言われます。支援の手段としては、たしかにそれも必要かもしれません。しかし、求められているケアは、その域にとどまらないことがほとんどです。なぜなら、彼らは私たちの目の前に現れるまでに、たくさんのものを失ってきているからです。そのような人生のなかで傷ついているのは、人としての尊厳です。その回復こそ、訪問看護の目的だと思うからです。精神薬や安定剤の服薬だけで、尊厳が回復することはありません。

これまで、私たちも、彼らも、多くの苦労をしてきました。そのなかで改めて感じることは、「住まい」＝「当たり前の権利」を取り戻すことからすべては始まるということです。そして、回復は自分自身で選択した自分なりの生活のなかにあり、生活や人間関係のなかで起こる苦労や失敗までもが、回復をもたらす可能性につながるということです。そのことを支える必要があり、それこそがハウジングファースト型の支援の中核だと言えます。

ハウジングファーストの実現を目指す私たちにとっての支援とは、失敗してももう一度やり直す手助けをすること。「ネバーギブアップ」という表現かもしれないし、「七転び八起き」という言葉でもいいかもしれない。「失敗は成功のもと」ということわざでもいいかもしれない。「きっと良くなる」という立ち位置に立つことが大切なのだと思います。

そして、ハウジングファースト型の支援の成功がもたらす成果は、ホームレス状態に陥った人に対してのみならず、日本の精神科医療がかかえる長期入院者の解消という積年の課題を抜本的に解消する手段となる可能性が秘められています。

最後に、精神障害をもち、かつ、ホームレス状態に陥っている、きわめて困難な状態にある人たちの回復にとって、当たり前の権利を取り戻すことから始めるというきわめて人道的な支援が有効であるという事実は、これからの日本の社会保障全体のあり方を考えるうえでも、重要な視座となるのではないでしょうか。

**注**

1　この節の数字の出所：目でみる精神保健医療福祉　http://www.nCnp.go.jp/nimh/keikAkuold/old/ArChive/vision/medemirudAtA.html

2　クロザピンは、1971年にヨーロッパで開発された非定型抗精神病薬。致命的な無顆粒球症を起こすことが判明し、販売が中止された。他の抗精神病薬に反応しない統合失調症の治療に効果があることが証明され、1989年よりアメリカで使用が再開された。定期的な血球数等の検査が義務づけられている。日本では2009年より発売されている。

3　精神保健福祉法第20条では、保護者の義務として、精神障害者に治療を受けさせる義務（医療保護義務）と財産上の利益を保護する義務（財産上の義務）が規定されていた。

4　2009年から池袋で立ちあがったプロジェクト。「世界の医療団」「TENOHASI」「つくろい東京ファンド」「ゆうりんクリニック」「べてぶくろ」「ハビタット・フォー・ヒューマニティ・ジャパン」「訪問看護ステーションKAZOC」の7団体で活動している。

5　自身に危険をもたらす行動習慣をもっている人が、そうした行動をただちにやめることができない場合に、その行動に伴う害や危険をできる限り少なくすることを目的としてとられる、公衆衛生上の実践や政策を意味する。

第9章

# ハウジングファーストと障害者自立生活運動

高橋慎一

何で自立をしたか。
学園でも何かまわりが見えないので社会に出てみたかった。
自分で決めて、自分でやりたかった。
施設の時に文句言われたり、これはいけないとおこられたから。
自分のことは、何でも自分でできるようになりたかった。
年金をもらうのは、職員ではない。
それはぼくのお金だから自由にしてもらいたかった。
できない時は、悩まないで相談すればいい。
できないことは介護者が手伝ってくれるよ。
自分の生活を自分で作っていけるから、地域に出てきてもいいと思う。
介護者を入れて、買い物とか家賃を入れるのを手伝ってもらったり、
畑をやったり温泉に行ったりしています。
一人で行けない所も介護者と行けばいい。
地域の人と関係をもてるようにした方がいい。
地域でのびのびしたらいいんじゃないですか。
施設に入らなくてもいいと思う。
地域に出よう。
ぼくたちもがんばります。(注1)

## 1　自立障害者たち

障害者自立生活運動は、どんな重い障害をもつ人でも、親元や施設から出て、地域で、自分たちぬきに自分たちの生き方を決められないようにと、活動を続けてきた。それは身体障害者の運動からはじまった。いまは知的障害者の自立生活運動も広がりつつある。

親元や施設から出るとき、障害者にとっても健常者にとっても、地域で暮らすには住まいが必要である。障害者は住宅を見つけるのがむずかしい。当たり前のように入居差別がある。バリアフリーの住宅は家賃が高い。かりにそれらを突破しても、数がたりない。健常者が生活しやすく設計された地域社会では、障害者ができないことがたくさんある。この社会では、重度の障害者は介助者・介護者・支援者をつかわないと生きていけない（注2）。ここには、他人から管理されることなく地域の居宅で生きる、葛藤と実践がある。

野宿者、ホームレス、住居を確保するのがむずかしい人たち、総じて「ハウジングプア」といわれる人たちがいる（注3）。行政は、ハウジングプアの人たちをはじめに施設に入所させるステップアップ方式の施策と、すぐに地域の居宅に移ってもらうハウジングファースト方式の施策をやってきた。しかし、ほとんどが施設入所型の支援だった。ハウジングファーストを求める運動は、施設は苦しい場所であると述べる。施設はハウジングプアの支援としてミスマッチである。まずは地域の居宅で暮らしはじめることが大切、と主張している。

ホームレス自立支援法が施行されたのは2002年、障害者自立支援法が施行されたのは2006年。同じ「自立」を名前にふくむ制度だ。この二つの「自立」の意味は同じだろうか。施策の上で、労働者・失業者の自立と障害者の「自立」は分け隔てられている。それでも、いや、それだからだろうか。野宿者運動で障害者自立生活運動にインスピレーションをうけたという人もいる。野宿者のなかに、精神障害者、知的障害者、発達障害者の人たちが増えてきているという話もある（注4）。「施設」「地域の居宅」「自立」をめぐって、二つの運動が交わるところを探したい。

この文章では、障害者運動が語りつづけてきた「自立」の意味を繰り返したい。そして、施設入所がどのような経験か、当事者の声を聞きたい。地域の居宅で生きていくことの大切さとむずかしさを確認する。

自立生活運動は、親でもなく、介助者・介護者・支援者でもなく、第一に、障害者自身が主体になってきた運動である。障害者自身のものだ。健常者として育ってきたわたしが語るには、根本的に不可能な部分もある。でも、とにかく、自分と仲間たちの実践について書いていきたい。わたしが出会った自立障害者たちの話がしたい。その姿にわたしはずっと説得力を感じてきたのだから。

わたしは学生時代に、とある障害者のところでボランティア介護者をしていた。関西地域で自立生活運動をになったひとり、重度身体障害者Aさんだ（注5）。Aさんの住まいは京都市内にあった。木造家屋の平屋。簡易なドアをあけると、土間、6畳間、3畳間。奥にはお風呂、トイレと続き、勝手口がある。6畳間ではAさんが一人掛けの少しリッチなソファに座っている。Aさんの目の前には大きなテレビ。小さな机の上には「介護者ノート」と書かれたノートが数冊。Aさんの家に初めて上がったとき、その濃密な空気を吸い、自分の身の回りのことを独力では一切できないであろうAさんを見た。「この人はどうやって一人暮らししているんだろう？」と驚いた。重度障害者が暮らす姿に圧倒的な力を感じた。とにかくなんとかなっている。なんとかしていた。

Aさんは、生後半年で脳性まひという障害をもった障害者。手も足も動かすことが不自由で、強く緊張すると体は不随意に動く。手押しの車いすを使って移動していた。声は薄くて小さく言語障害があった。就学を免除され、幼少期から20代まで同年代の人たちと交わることもなかった。ずっとお母さんやお姉さんと一緒に家にいた。Aさんは、あるグループと出会い、人生が変わった。Aさんが行動をともにしたのは、日本の障害者自立生活運動をけん引してきたつわものたちだった。お母さんの死後、Aさんは一人暮らしをはじめた。自立生活運動がなければ、きっとAさんは施設に行っていた。

Ａさんは彼らの仲間になって、365日・24時間を支えるボランティア介護者を集め、一人暮らしを続けた。親元でもなく施設でもなく地域で生きていくあり方、自分たちぬきで自分たちのことを決めさせない生き方を、障害者たちは「自立生活（Independent Living）」と呼んだ。

いま、わたしは重度障害者・難病者の訪問介助の仕事をしている。わたしが働いているのは、「自立生活センター（Center of Independent Living：CIL）」、障害者自身が運営する権利擁護団体である。2000年代のはじめころから、「自立生活センター」の経営する介護派遣事業所が全国のいろんなところにできた。障害者が事業主となる事業所である。わたしは京都にある自立生活センターで、介護派遣事業所の介助者として、また運動のサポート役や担い手として、活動する場をもらっている。障害者の住宅保障の運動を、障害者の人たちとほそぼそとやってきた（注6）。自立障害者によって自らを変えられ、変わりつづけている健常者のひとりとして、この文章を書いていきたい。

## 2　障害者自立生活運動と住まい

### 2-1　障害者自立生活運動のこと

日本の障害者運動は1970年代に変わった。親が老い、あるいは死んだあとの障害者たちの行き先として、国がコロニーという大規模施設を建設しはじめていた。親元から入所施設へという動きができようとした。その一方で、障害をもつ人たち自身が運動の主体になって、親元や施設から出て、地域で暮らす運動をはじめた。脳性まひ、ポリオ、骨形成不全などの身体障害者の人たちが中心になった。それは全国で同時多発的に始まった。障害者自立生活運動である。

有名なのは、脳性まひの人たちが集まった「日本脳性マヒ者協会（通称：青い芝の会）」というグループだ。青い芝の会は、とくに神奈川県連合会がセンセーショナルな運動で知られる。横浜市で障害児を殺した母親に厳正な処罰を求める運動をした。障害をもつ胎児を中絶可能にする優生保護法の改悪に反対して厚生省（当時）で抗議行動をした。川崎市のバス会社による乗車拒否に反対してバスを占拠した。「自立と解放」を求めてインパクトのある活動をした。障害者を分け隔てる社会と自らが向き合い、健常者らを障害者に向き合わせる運動だった（注7）。

それだけではない。青い芝の会は、親元や施設にいる障害者のもとを訪問して、外に連れ出したり、地域で暮らせるように支援したりという、地道な活動も行った。重い障害をもつ人が地域で暮らすには、生活を支える介護者を集めないといけない。障害者たちは、大学や地域でボランティア介護者を集めた。青い芝だけではない。同じように介護者を集めて地域生活を送る障害者たちがいた。

しかし、学生を中心にしたボランティア介護という不安定なやり方では、介助がたくさん必要な重度身体障害者を支えるには限界があった。ここに、介助はボランティアであるべきという流れと、介助を労働にしようという流れの葛藤があった。後者の障害者たちは、地方自治体と交渉して、介護にお金が支払われる仕組みをつくっていった。たとえば、新田勲らの「公的介護保障要求者組合」の活動が有名である（1974年・東京都・脳性麻痺者等介護人派遣事業）。障害者たちは、介護者の生活を保障し、自らの介護を保障し、地域生活を保障しようとした（1997年・東京都・全身性障害者介護人派遣サービス事業）。やがて、それは「日常生活支援」（2003年・支援費制度）をへて「重度訪問介護」という名称になって法制化・制度化され（2006年・障害者自立支援法、2013年・障害者総合支援法）、全国の重度身体障害者が使えるようになった。重度の障害をもっていても地域で暮らせる仕組みである。いまは難病者や知的障害者も、この仕組みをつかうことができる。知的障害をもつ人たちの自立生活運動も広がりつつある。

介護派遣事業を受託した主体の一つに自立生活センターがあった。自立生活センターの運動は、青い芝の会や公的介護保障要求者組合と重なりながらも、異なる人たちがになっていた。その源流の一つは、1970年代の「全国車いす市民集会」というネットワークにさかのぼる。1980年代、この人たちは、アメリカ合衆国カリフォルニア州バークレーで生まれた自立生活センターを日本に移入した。消費者としてあつかわれてこなかった障害者たちが、契約や消費の主体になる運動だった。当事者によるピアカウンセリング、自立生活体験室を利用して行う自立生活プログラム、有料の介護派遣サービス、リフト付き車両による移送サービスなどが提供された。2000年代には、全国各地で、自立生活センターが介護派遣事業などの福祉事業を受託する事業体になっていった。

親元や施設から出てからのことは、わたしが聞いた話では、とにかく家を見つける、すでに障害者が住んでいる家をシェアする、まずは暮らしてみる、ということがなされてきたようだ。いちど施設に入れられてしまうと、なかなか出ることができないという実感がある。数年、数十年、あるいは一生、出ることができない人もいる。地域に出てきた人たちは、制度ができる前はボランティア介護者を集めた。制度ができてからは介護派遣事業所からの派遣を受けた。重度の障害をもつ自立障害者たちは、介助・介護・支援をつかって地域の居宅で生きてきた。

### 2-2　自立障害者と住まい

障害者の住まいはどのような現状にあるのだろうか。

内閣府「平成29年障害者白書」によると、身体障害児・者は在宅者386.4万人／施設入所者5.8万人、精神障害者は外来患者361.1万人／入院患者31.3万人、知的障害児・者は在宅者62.2万人／施設入所者11.9万人である。厚生労働省「平成23年生活のしづらさなどに関する調査（全国在宅障害児・者等実態調査）」では、障害者手帳所持者で65歳未満の在宅者の住まいは、「自分の持ち家」が28.2%、「家族の持ち家」が41.9%、「民間賃貸住宅」が15.2%、「公営住宅」が7.1%、「グループホーム等」が4.2%とある。「同居者有」が87.3%、「一人で暮らしている」が11.2%である。（65歳以上（年齢不詳を含む）では、「自分の持ち家」が60.9%、「家族の持ち家」が23.6%と逆転している。）

わたしがふだん活動をともにしている自立障害者たちは、一人暮らしで、公営住宅や公団住宅に住んでおられる方が多い。上記の統計のなかでは明らかにマイノリティである。

自立障害者たちは、生計は、「障害基礎年金」を受給し、企業や作業所の「賃金・工賃」があり、地方自治体の「障害者手当」も合わせている。人によっては、「生活保護」を併給する。生活保護・年金併給の人は、「住宅扶助の特別基準該当」の金額内で家探しをする。京都市内で単身者なら4万円、1.3倍の特別基準該当で5万2000円（2018年1月時点）。トイレやお風呂の手すり、段差の解消、玄関のスロープなどの規模の小さい改修は、公費で行うこともできる。京都市なら住宅改修は上限50万円の「いきいきハウジングリフォーム」制度がある（2018年1月時点）。また、「日常生活用具給付等」で、トイレのウォシュレット便座などが給付される。大きな改修が必要になると、社会福祉協議会の「生活福祉資金」から上限250万円で貸し付けを受ける人もいる。

民間賃貸住宅は入居までの壁が大きい。身体障害者の場合は、バリアフリーの住宅を住宅扶助の範囲内で探すのはむずかしい。精神や知的の障害者の場合も、入居を断られることが多い。以前に京都市内の不動産会社の経営者に聞き取りをしたことがある。「障害をもっている方や高齢者の方は、まず住宅を探してマッチングするのに時間がかかるので、事業者としては敬遠する。マッチングの回転を速くして手数料をとる仕事ですから」と教えてくれた。さらに、「家主の説得にも手間がかかります。車いすで部屋が汚れる。壊れる。火の元の管理が不安。介護者など住民以外の出入りが多くなる。大きな声をあげて、隣とのトラブルになる。孤独死で事故部屋になるなど、ありますね」。以前、障害者の人たちと一緒に不動産屋をまわって、紹介を断られるパターンを記録したこともある。理解ある事業者や家主もいる。しかし、入居差別にあうのは日常茶飯事だ。

他方で、公営住宅は住宅確保困難者の入居を目的にしており、車いす専用住宅や優先入居があり、あからさまな入居差別はない。家賃も所得に応じて決まるので割安である。家賃のわりに住宅には広さもある。だから民間賃貸住宅に現に住みながら市営住宅に応募しつづける人がわりといる。しかし、公営住宅は戸数が少ないので抽選倍率が高い。

車いす使用者の場合、住宅扶助基準内の民間賃貸はスペースが狭い。スペースが狭いと、車いすで家の中に入ることもできず、旋回して後ろを振り返ることもできない。自宅で振り返ることさえできないのはつらい。トイレ、お風呂ともに、使用する際に体に負荷がかかることが多い。トイレやお風呂が狭いと、介助者をつかうのがむずかしい。事故にもつながる。公営住宅は、間取りは広く車いすでも玄関は入れる。しかし、建設年度が古いものになると、車いす住宅に段差のある和室が設置されていたりする。重度障害者にとってはバリアのある造りになっている。京都でも、市が大幅な住宅改修をきらうし、現状復帰を要求されてしまう。結果、自分では入れない部屋が家の中にある、という不条理なことになっている。

## 3　身体障害者の自立生活

重度身体障害者たちは、実際にどのようにして親元や施設から離れて、地域の居宅で自立生活をはじめるのだろうか。ここでは1970年代から活動していた障害者自立生活運動のエッセンスを受け継ぎ、2000年代以降に自立生活をはじめた人たちのことを書きたい。

### 3-1　重度身体障害者Bさんの実践―24時間介護保障

Bさんは、50代男性の重度身体障害者（注8）。脳性まひ者である。ある意味では、自立障害者のモデル事例のような方だ。

全身の緊張が強く、手足を自由に動かすことはむずかしい。5歳のころに、病院に併設された障害児施設に入所させられた。物心ついた時、すでに施設にいた。Bさんには重度の言語障害がある。15歳まで、親も施設職員も、Bさんが言葉を話しているとは考えなかった。誰も言葉を聞き取れる人はいないと思っていた。しかし、自立生活センタースタッフが施設を訪問したときに、Bさんの言葉を聞き取った。Bさんは施設を出て暮らしている障害者たちがいると知った。自分も出たいと思った。障害者施設では、愛する人と出会い結婚したり、趣味を見つけて極めたり、仕事をもって自分を表現したり、当たり前のことができないと感じた。Bさんは、自立生活センターとのかかわりをもちながら、30年かけて施設から出た。市営住宅に当選したことをきっかけに、地域に出る段取りをすすめた。親族の反対は大きかった。具体的な手続きは福祉事務所の職員が力をつくしてくれた。親や施設との調整、市営住宅の手続き、引っ越しの段取り、介護派遣事業者探し、介護認定の手続き、生活保護の申請、などを支援してくれた。

いまBさんは、24時間、介助者をつかって過ごしている。介護派遣事業所からは、8～12時、12～18時、18～23時、23～8時の時間区分を基本に、介助者が派遣される。Bさんは平日の日中は週4日勤務で、自立生活センター・作業所で仕事をしている。工賃、障害年金、地方自治体の手当、生活保護などで暮らしている。2LDKの市営住宅の車いす専用住宅に住んでいる。

一人暮らしをする前、Bさんは、障害者の仲間たちが共同生活をおくる家で、自立生活に向けた支援を受けていた。障害者が仲間同士で行う「自立生活プログラム（Independent Living Program：ILP）」である。施設では、財布からお金を出して、買い物をして、お釣りを確認することもない。毎日の食事を考えて、冷蔵庫の中をチェックすることもない。地域での付き合い、金銭管理、病院の使い方、毎日の流れ、などを仲間とともに学ぶ。たとえば、言語障害の強いBさんのコミュニケーションをサポートする方法を考えた。言語障害のある仲間たちが一緒になって、自分たちの声を録音して、聴き合い、発声方法を訓練したという。またたとえば、介助者がいない時間帯に、自分で車いすからベッドに移る方法を開発しようとした。ロープを張って、歯で噛んだり、腕をからめたりして、ベッドの上に乗れるようにしようとした。このような支援が行われていた。

いまはBさんが、新しく地域に出てきた仲間にその経験を伝えている。さらに、介助者研修で講師になって自立生活の介助を教えている。介助者としてかかわる人たちは、Bさんが話すことを一つひとつ聞き取り、復唱し、言われたことを遂行する。50代のBさんだが、毎日のようにできることが増えている。つい最近、メールを自分で打てるようになった。

Bさんの存在が示すものは大きい。重度の身体障害をもっていても、介護保障があれば地域で生きることができる。京都市では24時間の介護保障が実現している。Bさんたちが行政交渉をしたことがきっかけである。

現行の障害者総合支援法にある訪問介護サービスには、「居宅介護（家事援助・身体介護）」「重度訪問介護」「行動援護」「重度障害者等包括支援」がある。このうち重度訪問介護は、重度身体障害者の地域生活のかなめになる。障害者の介護保障の運動がつくってきたのである。重度訪問介護は、障害程度区分4以上で上肢・下肢障害のある人が、「見守り」もふくむ長時間の介助をつかえる制度である。料理、掃除、排泄、寝返りなどの時だけ、短時間で派遣される介護保険の定型的なサービスとは根本的に異なる。重度訪問介護は、長時間の派遣が基本である。障害者の人たちのそばにずっと待機して、声をかけられたら動く、突然の危険があれば避ける、という当たり前のことができる仕組みである。知的障害の人や難病の人も使えるようになっている。

### 3-2　重度難病者Cさんの実践—居宅の医療的ケア保障

難病者Cさんは、介護保険制度と障害者自立支援制度の重度訪問介護を併用していた人だった。

Cさんは、70代男性の重度身体障害者・難病者。ALSという難病を発症した。医療的ケアを必要としていて、部屋のなかはICUなみの状況と言われていた。それでも地域生活が送れないわけではなかった。

もともと単身生活をしていたCさんは、発症からわずか1年で、手足が動かなくなった。数十年住んできた家での生活がむずかしくなった。はじめは福祉事務所から介護保険の地域包括支援センターのケアマネジャーにつながって、デイサービスを利用した。しかし、介護保険のケアマネジャーはALS支援の経験がなく困惑した。そこで、デイサービスの看護師、学生ボランティア、障害者の介護派遣事業所が支援を引き継いだ。社会福祉協議会からの生活貸付金申請、不動産屋まわり、引っ越し業者との調整、介護派遣事業者さがしをした。民間賃貸の平屋で、3Kの間取りだった。玄関の段差が大きかったが、支援者らがスロープを自作して、家の出入りができるようになった。引っ越し後、24時間介護者が入り、ベッドと車いすで過ごす生活になった。

しばらくすると、発声や呼吸に関わる筋肉がだんだん動かなくなり、声を出したり、呼吸をするのが苦しくなってきた。難病病棟のある病院に一時入院して、気管に穴をあけ、気管と食道を分離する手術を受けた。声を失った。介護者らとのコミュニケーションは透明文字盤をつかった。当人と介護者が顔と顔を合わせ、その間に50音が書かれた透明の文字盤を入れて、目を合わせながら一文字一文字、読み上げていく。「お尻をうかして」「右手をもう少し外側に」「水」「痰（とって）」「テレビ（つけて）」。ついちょっと前まで健常者だった人が、手足が動かなくなり、声を失って、外出もむずかしくなり、24時間、他人の手をつかって生きていくことになった。そのストレスははかりしれない。たった一言を伝えるのに5分かかる。背中の服のシワさえとることができない。

できないことが多いということは、必然、介助者・介護者・看護師・支援者らとの介助・看護関係が濃密になるということだ。フラストレーションから、介助者・介護者・看護師・支援者への言動も熾烈（しれつ）なものになった。逆に、支援者らの言動もエスカレートした。ある看護師は「ニーズが多い」「わがままだ」と、本人に聞こえるように言った。「なんでこんな人を地域に出したのか」「一日中テレビばかり見ていて生きがいもない」などとも言った。地域で暮らしつづけることがCさんの自由を保障するものではなかった。

それでも、人工呼吸器を装着し、胃ろうから栄養をとり、吸引機で痰をとり、薬剤で排泄をコントロールしながら、暮らした。訪問看護ステーションから、毎日2回、朝夕の看護師の訪問があった。介助者・介護者は10～20時、20～10時の時間区分を基本に派遣があった。週2回の訪問入浴があり、在宅医療の主治医が週2回訪問診療した。主治医は24時間の電話対応をした。全身状態が不安定になっても、在宅で、IVH（中心静脈栄養）をうちながら、暮らした。血中酸素濃度、血圧、脈拍、体温を常時、介助者が測定し、医療者と相談した。

居宅に自由があったわけではない。Cさんの居宅には、自由であろうとするＣさんと、Ｃさんを護り・制約する支援者との葛藤があった。Ｃさんにとって、病院には葛藤の余地さえなかった。「びょういん　には　いかない」とＣさんは言った。

Ｃさんのように、痰吸引、胃ろう・腸ろうからの注入、浣腸・摘便、人工呼吸器管理など、生きるために必要な医療的ケアを在宅で提供する仕組みも整いつつある。在宅での医療的ケアは、医療者と家族に限定され、介助者・介護者による提供は法的にグレーとされてきた（喀痰吸引関連４通知で「違法性阻却」）。特別支援学校で、在宅で、施設で、介護者が痰吸引などを行えるようにと要望する運動があった。2012年には「介護保険法・社会福祉士法・介護福祉士法の一部改正」などによって、介護者による痰吸引などの提供が合法化された。運動の結果、医療的ケアを必要とする重度の障害者や難病者も、地域の居宅で生きる仕組みがつくられてきたのである。

## 4　知的障害者の自立生活

最近になって知的障害者たちの自立生活のとりくみが広がっている。自立生活センターで知的障害者にかかわるＤさんに話を聞いてみた（注9）。介助コーディネートを主な仕事にしながら、知的障害者の方の介助者もしている。

### 4-1　知的障害者Ｅさんと支援者Ｄさんの実践

Ｅさんは、50代男性・知的障害者。両親が高齢になったこともあって、親元を離れて自立生活をすることにした。支援者Ｄさんは、Ｅさんとともに一人暮らしのための準備をした。Ｄさんは、民間賃貸住宅は入居差別があって、むずかしいと感じた。そこで、自立生活センターの障害者が何人か住んでいる公団住宅に入居することにした。

Ｅさんは、自立生活センターが運営する自立生活体験室で訓練をつむことになった。１泊、２泊、１週間と、段階を踏んだ。Ｅさんは介護派遣サービスの「身体介護」が使えないので、「家事援助」サービスだけでいけるかが課題になった。掃除や洗濯はもともとある程度できた。命にかかわるのは食事だけだった。夕方1時間30分の「家事援助」で食事を二日分つくり、電子レンジで温めて食べることで何とかなった。朝ごはんは、スーパーやコンビニで買って、何とかなった。お湯は湯沸かし器を使い、火の元の不安もなくした。

Eさんは家計をまわした経験がなかった。そこでDさんが家計管理の方法を考案した。1週間分の食費を、封筒に入れるようにした。毎週、封筒を手わたして、どのくらいのお金が残るか、確認した。雑費は多めの金額にして別の袋にした。公共料金は引き落としにした。さらに、遊びのお金封筒をつくった。レシートはEさんが自分で残した。完全にEさんが自主管理した。月が終わったら、レシートを集めて、Dさんが表にした。これを3、4か月やってみて、Eさんはぜんぜん浪費しない、外食もあまりしないという様子だった。そこでDさんは表をつくる作業をやめた。週ごとの封筒もやめた。家電製品などの大きなお金がかかるものは買い直しがむずかしい。それはEさんに「移動支援」を使って相談してもらっている。「移動支援」の介助者は、たんに移動に同伴したり車いすを押したりするわけではない。行き先を一緒に決めたり、買い物の相談をしたり、何を食べるか一緒に決めたり、ということも支援に含まれている。

Eさんは、障害基礎年金と生活保護を併給している。家事支援、移動支援、生活介護をつかっている。作業所に通所している。また、知的障害者の地域生活を支える運動「ピープルファースト」で活動している。

### 4-2 知的障害者Fさんと支援者Dさんの実践

Fさんは、20代男性、知的障害者。Fさんは中学生のころに、母親のケガをきっかけに一時避難で施設入所したことがあった。その後、20代になって、父親が急病で入院することになった。親族はFさんを施設に入れる意向を示した。しかし、支援者Dさんが親族と話をした。Fさんは自立生活体験室で練習して、Eさんらと同じ公団住宅で暮らすことになった。

Dさんは、Fさんとどのような練習をしたのか。Fさんが起きているあいだは介助者がいるのが大前提と考えた。Fさんには、困ったこと、わからないこと、話したいことがあると、助けてくれる介助者が必要だった。Ｆさんは、時間の管理、お金の管理が苦手だった。介助者がいない夜間については電話を自分でかけられるように練習した。アドレス帳に親とＤさんを連絡先に設定した。Ｄさんはわかりやすい説明書をつくった。Ｆさんは実際に何度もつかってみた。一人暮らしが始まってから、夜間に１度だけＤさんに連絡があった。あとは問題なく過ごせている。

Ｆさんは、日中一人のときは介助者がいる。週に何度か地域の共同作業所に通所する。夕方から知的障害をもつ子どもたちの放課後の過ごしの場に通う。いざというときには、24時間いつでもＤさんに電話ができる。住まいは公団住宅。このようにして地域の居宅で暮らしている。

日本では1990年代半ばから知的障害の当事者による権利擁護団体「ピープルファースト（Peple First）」が広がっている。1998年から「知的障害者全国交流集会」が名称変更し、「ピープルファースト全国大会」となった。知的障害をもつ人たちは、考えたり、判断したり、決めたり、行動したり、安心したり、ということに介助が必要になる。課題は多いという。それでも、慣れ親しんだ介助者・支援者たちがいてくれたら、地域で暮らすことができる。

1970年代の身体障害者が残してきた制度を、2000年代以降に重度身体障害者、難病者、知的障害者たちもつかいながら、地域の居宅で生きている。障害者自立生活運動がつくった自立生活という生き方は、課題や葛藤はありながらも、そのエッセンスが引き継がれているのである。どんなに重い障害があっても地域で暮らすことはできる。そのような取り組みをしてきた人たちがいる。

ここから障害者が地域に出てくる前の光景にさかのぼってみたい。親元での経験は、いまはふれない。障害者をもつ人たちの施設での経験を聞きたい。

## 5　施設の経験

障害者運動につながりのない人は、「なぜ施設をそんなに嫌がるのだろう」

と考えるのではないだろうか。たくさんの専門的な技能をもつ職員もいる。医師や看護師もいる。栄養士がバランスのとれた食事を考えてくれる。きちんと責任をもって管理してくれるから安全だ。いろんな楽しいプログラムも組まれている。家族の負担の軽減にもなる。しかし、わたしが知り合ってきた障害者や介助者に話を聞くと、施設によい思いをもつ人はほとんどいない。

2013年、障害者虐待防止法が成立し、行政への相談というかたちで、虐待事例の一部が見えるようになってきた。「平成27年度都道府県・市区町村における障害者虐待事例への対応状況等（調査結果）」によると、「養護者による虐待」は相談・通報4450件／認定1593件である。「障害者福祉施設従事者等による虐待」は、相談・通報2160件／認定339件。虐待者は411人（男性70.6%・女性29.4%、生活支援員44.5%・管理者10.9%）、被虐待者は569人（男性66.4%・女性33.6%、身体障害16.7%・知的障害83.3%・精神障害8.8%・発達障害2.3%）である。ちなみに「平成27年度の京都府内における障害者虐待の状況について」によると、京都府の認定件数は、「家庭内における虐待」は27件、「施設・事業所における虐待」は6件である。

2015年6月、京都市伏見区の障害児入所施設で、男性職員が男の子の陰部にハサミを押し当て「おねしょをしたのはお前か」と脅した、との通報があった。男性職員はハサミを向けたことは認めたが傷害行為は認めなかった。この施設には京都市の特別監査が入った（『産経新聞』2015年6月12日)。2016年6月、京都府南丹市で障害者支援施設の知的障害の男性入所者が、男性職員から繰り返し虐待を受けていたことが明るみに出た。職員は入所者を部屋の外に連れ出した際、右太ももを骨折させた。また、電気シェーバーを投げつけ入所者の前歯を一本折った（『朝日新聞』2016年6月23日)。男性入所者が以前に住んでいた京都市は、虐待と認定した（『京都新聞』2016年6月24日)。2016年7月、京都市左京区の障害者支援施設で、個室4室のドアノブを取り外して、利用者が内側から開閉できない閉じ込め状態にしていたことがわかった。通報を受けた京都市は、調査の上で虐待と認定した（『産経新聞』2016年7月5日)。

施設での虐待事件は偶然の出来事なのだろうか。あるいは、施設という場に何らかの構造的な問題があるのだろうか。

ある重度障害者の話。ナースコールで職員を呼んだ。痰がのどに引っかかるので痰吸引だ。あと、足の位置を動かしてほしい。けれど、焦って両方を同時にお願いしたら、職員が「どっちか一つにしてよ！」と怒気の混じった声をぶつけた。また、ナースコールで職員を呼んだ。テレビのチャンネルを変えてほしい。職員は「一度に用事は伝えてよ！」とさらに激しい怒気をぶつけた。それでも、決然と（わたしにはそう見えた）ナースコールを押した。その人は人手をかりなければ、痰も出せないし、体の位置も変えられないし、テレビのチャンネルも変えられない。

ある難病者の話。一切言葉を発することができず、手足も動かすことができないが、顔だけ動く。そこで顔を動かすと、ほっぺたにスイッチがあたってナースコールが鳴るようにしていた。この人もまた、痰をとったり、ベッドと体の間の服のシワをとったり、目をティッシュでふいたり、かゆいところをかいたりが、自分ではできない。きっと看護師からすればナースコールを押しすぎ、ということだったのだろう。顔からナースコールのスイッチが遠ざけられ、呼べない状態にされていた。痰がたまっていたので、わたしが指示をうけてナースコールを押したら、看護師は「口にたまって溢れるくらいになったら呼んでください」と怒気をぶつけた。

ある重度身体障害者の話。外出して好きなご飯を買って食べるわけにもいかない。50メートル先のコンビニに買い物に行こうとしたら、2週間前までに出すとされる外出届を出したかと言われた。食べ物を買って戻ると、「おいしそうだねー。買い足すのはいいけど施設のご飯もちゃんとぜんぶ食べてからにしてくださいよ」と嫌味を言われた。職員のなかには、早く食事介助を終わらせて休憩がしたいので、どんどん口にご飯を頬張らせる人がいた。自分のペースで食べられず食欲を失っている姿をみて「もう終わりなんですね。お茶にしましょう」と言った人もいる。幼少期のトラウマ的な経験で食べられなくなっている食品を、「ああ好き嫌いですね」と断定された。

ある重度身体障害者の話。「〜くん」「〜ちゃん」と露骨に子どもあつかいされた。「〜さん」と言うとしても、子どもに語るように大きく諭すような声で話す人もいた。そんなに大きな声でゆっくり話さなくても聞こえている。

ある知的障害者の話。服をひっぱってひきずりたおして頭をひっぱたく人もいた。

ある重度身体障害者の話。頭をたたくくらいの暴力をふるう職員はいた。みんなではないけれども、どの施設にも一人はいた。

ある重度身体障害者の話。尿瓶をあてておしっこをする介助の負担をなくすために、カテーテルを尿道に挿入された。尿路感染による感染症に毎年のようにかかっていた。おむつに変えて、カテーテルをとったら、感染症にはかからなくなった。

「障害者支援施設等の人員、設備及び運営に関する基準」(厚生労働省令・平成 25 年 11 月 22 日改正)では、「生活介護」(障害者支援施設の主に昼間の介護など)にあたる職員の数(看護職員、理学療法士、作業療法士、生活支援員などの総数)は、障害区分によって計算されるよう定められている。入所している障害者の人たちの平均障害支援区分が「4 未満:利用者 6 人/職員 1 人」「4 以上 5 未満:利用者 5 人/職員 1 人」「5 以上:利用者 3 人/職員 1 人」とされている。少ない人数でたくさんの人を支援しようとするなら、お風呂の時間をあらかじめ決めたり、食事の時間にいっせいに食べさせたり、夜食が食べたくても体に悪いからと介護を拒否したり、インフルエンザが流行しているからと外出を制限したり、利用者を管理することが正当化されるのだろうか。ひとりの利用者の支援に時間をかけすぎると、管理職から悪い勤務評価をされる、という話を聞いたことがある。

「なぜ施設から出ようと思ったんですか」と、ある重度身体障害者の方に聞いてみたことがある。すると「酒を飲んでタバコを吸いたかったからや」と即答された。「なぜ施設から出ようと思ったんですか」と、別の重度身体障害者の方に聞いたことがあった。「自由がないから」とやはり即答された。ある難病者の方は「死んでも病院には行かない。家で死ぬ」と言った。質問するのが恥ずかしくなった。お風呂に入る時間、うんちをする時間、ご飯を食べる時間を管理され、外出を制限され、頭をひっぱたかれ、痰が口で溢れ、必要ないのにカテーテルを尿道につっこまれ、ナースコールを届かないところに置かれて放置される。わたしはそんな経験をしていない。そんなめにあったら、わたしだったら怒る。怒っても怒っても、「わがまま」「問題ある人」と言われて、誰も話を聞いてくれないとしたら、わたしだったら悲しくなる。外に出る勇気も失い、ナースコールを押す気力も失い、絶望してしまうかもしれない。

ある重度身体障害者は、10代のころに授産施設に入所させられた。文字どおり壁を越えて施設を脱走した。いまでも生々しく施設のことを思い出し恐怖する。別の重度身体障害者は、入所時に聞いた説明とまったく違う施設内の様子に困惑した。施設には「絶対に戻るから」と言って帰宅した。帰省中に福祉事務所に電話して「施設をやめたい」と懇願した。自宅でも「絶対に戻らない」と叫びつづけた。また、別の重度障害者は、気がついたら施設入所中に成年後見をつけられていた。施設から出たいと思ったが、家族と施設の反対で自らの意向を消されつづけた。そして、いまも施設から出たいと希望する障害者たちがいる。

## 6 ハウジングファーストと障害者自立生活運動

日雇労働者の町で仕事がなくなって野宿者になる人もいた。派遣切りにあって、住み込んでいた部屋から追い出された人もいた。短期アルバイトで食いつないで、低額宿泊施設・サウナ・ネットカフェ・マクドナルドなどを泊まり歩く人もいた。ハウジングプアの人たちに、行政は、ステップアップ方式とハウジングファースト方式という二つの施策を提示してきた。ステップアップ方式とは、居宅に移行するための生活訓練を受ける施設への入所からはじまり、訓練の達成を条件として居宅に移行するというものである。ハウジングファースト方式とは、生活保護などをつかって直接居宅に移行する支援である。「一般社団法人つくろい東京ファンド」などの支援団体は、ハウジングファースト方式の支援の重要性を訴えている。

ホームレス自立支援法では、ステップアップ方式の施設「自立支援センター」が活用された。しかし、施設から逃げ出して路上に戻る人たちがいた。施設で何があったのか（注10）。

大阪の場合、自立支援センターを選ぶと、舞洲（まいしま）にある自立支援センターに入所し、3週間から4週間を過ごすという。施設でやっていけるかを判断するという趣旨で、ひたすら規則正しい生活をする。市内のセンターに移動し、3か月から6か月はハローワークで就職活動をする。二段ベッドの10人部屋、外出規制、門限、禁酒のルールがある。事前申請なしで帰寮に遅れたとき、センターによっては、始末書を書かされる。飲酒の検査をされることもある。必要経費の貸し付けも、手続きを踏んで受領印をもらう必要がある。1日400円の日用品費も、センターによっては金銭出納帳を付けチェックされる（注11）。そこから逃げると「我慢ができない人たちだ」と言われた。福祉事務所職員でも、プライバシーがないセンターの生活に自分なら耐えつづけられないともらしたという。

京都の自立支援センターは上鳥羽にある。「京都夜回りの会」によると、野宿者の人はいったん施設に入れられて、地域移行後に生活ができるか「見きわめ」をされるという（注12）。「見きわめ」にクリアした人は、生活保護行政から敷金を出してもらえる。「見きわめ」にクリアしなかった人は、救護施設などに移送される。「見きわめ」にクリアできない人のなかには、知的障害や精神障害のある人がいる。

自立支援として効率が悪いというだけではない。大切な何かが侵害されている。ハウジングファースト方式を要望するのは、もっともな話である。障害者とハウジングプアの人たちの施設経験は似ている。また、施設から出たあとの課題も似ているかもしれない。地域社会で排除される。アルコール・ギャンブル・薬物・恋愛・窃盗依存症などになる。生活がまわらなくなる。楽しみが見つからない。仕事が見つからない。パートナーと出会えない。支援者から管理される。孤立する。

しかし、課題に取り組むための支援と制度はちがう。ホームレス支援の行政は、問題解決をどのように考えるだろうか。ホームレス自立支援法第３条には「ホームレスの自立のためには就業の機会が確保されることが最も重要である」とある。ここでは、ホームレスは自立できていない人たちであり、施設入所して、訓練を受け、能力開発をして、最終的には企業に就職をして自立することが解決とされている。個人のなかに原因を見出し、訓練・更生・矯正によって、問題を解決する。障害者運動・障害学がいう「医学モデル」に近いかもしれない。

それに対して、障害者の制度はどうか。日本は2014年に障害者権利条約を批准し、2016年に障害者差別解消法が施行された。障害者差別解消法第２条第１項には「障害者　身体障害、知的障害、精神障害（発達障害を含む。）その他の心身の機能の障害（以下「障害」と総称する。）がある者であって、障害及び社会的障壁により継続的に日常生活又は社会生活に相当な制限を受ける状態にあるものをいう」とある。社会生活に不利益があったり、できないことがあったりする原因を、社会においている。「社会モデル」である。

障害者自立生活運動は、身辺自立や経済的自立ではなく、自分で自分のことを決める、あるいは他人に自分のことを決められない「自律」を、「自立」の核心においた。障害者自立生活運動も、「自立生活体験室」で一人暮らしの練習をする場合もある。しかし、ステップアップ方式とは根本的にちがう。それでうまくいかなかったからといって、居宅に移行できないというわけではない。自立生活体験室での練習は試験ではない。障害者が独力でできないのなら、介助や支援をつかってできるようにしたらよいからだ。障害者だけではなく、地域生活を支える介助者や支援者にとっての練習にもなる。自立支援センターで「見きわめ」にクリアできずに救護施設に送られる人も、障害者運動がつちかってきた支援をつかえば地域で生きることができる。

この社会には、身辺自立・経済的自立ができないことを理由に、本人の生き方を他人が制約して自律を阻害する仕組みがある。ハウジングプア支援においても、ハウジングファースト方式を選択する根拠として、「自立の助長」には「自己決定」を前提にしないといけない、という考えをする人もいる(注13)。

障害者自立生活運動は、他人や制度に「依存」することで「自立」を実現してきた。生活保護を通じて自立生活を獲得してきた。他人介護を通じて地域生活を実現してきた。そうすることで、自分で決める生き方や、他人に決められない生き方を、守ってきたのである。障害者自立生活運動のバトンを受け取る新しい世代の障害者らは語る。たくさんの依存先をもつこと、たくさんのつながりをもつこと、それが地域での自立を可能にする条件である(注14)。依存は自立の反対語ではない。

課題は多い。施設から出たら自動的に地域での自由が保障されるわけでもない(注15)。行政・介助者・介護者・支援者の支援が必要である。自立を支援するはずの行政・介助者・介護者・支援者が、支援を受ける人を管理する状況におちいることもある。たとえば、ある重度障害者は介助者との関係で悩む。あるとき「最近、家が施設と同じじゃないかと思うことがある」とつぶやいた。関係がむずかしくなった介助者に、指示を出すことをあきらめた。説明することをあきらめた。介助を受けることを拒否した。介助者は、関係がむずかしくなると、言語障害の重い重度障害者の話を聞くのが苦しくなる。その人は介助者に支配されないように試行錯誤する。介助者もその人と自立生活をともにするあり方を模索する。ある知的障害者の支援者は、本人の電話サービスに制限を設けた時、自分の行動がはたして正しいのかと自問した。いまでも悩みつづけている。親元や施設での経験が地域の居宅で再演されないともかぎらない。葛藤がある。

障害者自立生活運動は自立と解放をめぐる人間どうしのむき出しのせめぎあいを肯定した。そのエッセンスを受け継いだ障害者と介助者・介護者・支援者は、葛藤を受けとめながら地域で生きていく方法を探しつづけている。管理されることなく、管理することなく、支配されることなく、支配することなく、自分をいないことにされないように。障害者も健常者も、家のある人も、家のない人も、地域で生きるわたしたちが、この問いに向き合うほかない。分け隔てられることなく、当たり前に地域にある。他人に決められないことを大切にする。地域で暮らすために必要なものを、贈与する。受けとる。特別なことはない。そんな場所がすでにあちこちに存在している。それを希望にしたい。

## 注

1　ピープルファースト東久留米（2010）3頁。代表・小田島榮一さんの言葉。

2　介護産業では「介護」が一般に使われている。自立生活センターなどの障害者運動では「介助」という語が使われてきた。障害者は「護られる」存在ではなく、主体的に自己決定しサポートを受けるという意味合いで、「介助」が使われていると思う。知的障害者の自立生活運動には「支援」という語がある。身体障害者の自立生活運動が自己決定を重視する一方、知的障害者の運動は自己決定が難しい当事者を支えることを大切にして「支援」という語が使われていると感じる。これらの言葉は運動のなかで自覚的に選ばれてきた。他方で、私が関わる知的障害の人が「ヘルパーさん」と連呼する姿に、ほっとしたりもする。

3　稲葉（2009）に詳しい。

4　生田（2016b）を参考にした。

5　Aさんは名前をふせる必要はない。高橋啓司さん。京都新聞（2007）と高橋啓司（2007）を参照。

6　京都の自立生活センターで住宅保障の運動に取り組んでいるのは、土田五郎さんである。障害当事者による住宅保障運動は全国でもめずらしいようだ。その活動は『住まいの場づくり in JCIL』（http://sumai-no-ba-jcil.blogspot.jp）を見ていただきたい。

7　青い芝の会の記述は、横田ほか（2016）・横塚（2007）・渡邉（2011a）を見てほしい。公的介護保障要求者組合については、新田（2009）・渡邉（2011a）を参考にした。自立生活センターの背景は渡邉（2011a）などにある。知的障害者の自立生活運動は寺本（2008）に経緯がある。

8　Bさんは山崎信一さん。仲間たちとともに京都市で初の24時間介護保障を実現した障害当事者である。

9　Dさんは廣川淳平さん。粘り強い支援者である。介助労働者の要求者組合・かりん燈の主要メンバーのひとりである。

10　阿部（2009）は、「平成19年ホームレスの実態に関する全国調査」を分析し、自立支援ホームから路上にもどった人たち、回避する人たちの状況を描いている。

11　生田（2016a）248～256頁より。

12　2016年12月3日、京都夜回りの会・本田次男さんから聞いた話による。

13　稲葉（2009）101～107頁では、ハウジングプア支援の自立助長は自己決定を前提におくべき、という提起がされている。

14　熊谷（2016）には、障害者運動のエッセンスを受け継いだ「依存による自立」

が語られている。

**15** 小泉（2016）は、自立支援センターが運営する介護派遣事業所での経験を、介助コーディネーターの立場から記している。小泉浩子さんは、京都の日本自立生活センター自立支援事業所の所長である。

## 参考文献


阿部彩「誰が路上に残ったか—自立支援センターからの再路上者とセンター回避者の分析」『季刊社会保障研究』第45巻 第2号、2009年、134～144頁。

生田武志『釜ヶ崎から』ちくま書房、2016年a。

——「反貧困運動と自律支援—それは何からの自立なのか？」『フリーターズフリー』第3号、2016年b、184～267頁。

稲葉剛『ハウジングプア—「住まいの貧困」と向きあう』山吹書店、2009年。

京都新聞『折れない葦—医療と福祉のはざまで生きる』京都新聞出版局、2007年。

熊谷晋一郎「受け取ったこのバトンはナマモノであったか」『障害者運動のバトンをつなぐ』生活書院、2016年、165～181頁。

小泉浩子「既成概念の変革と、人として生きること—介助の現場に関わる中から」『障害者運動のバトンをつなぐ』生活書院、2016年、17～51頁。

高橋啓司（聞き手：竹村正人・堀田義太郎・高橋慎一）「僕の介助を紹介します（一）ACE」（1号）、2007年、6～11頁。

高橋慎一「介助を仕事にしたいと仕事にしたくないのあいだ—障害者自立生活運動のボランティア介護者から重度訪問介護従事者になる経験」『障害者介助の現場から考える生活と労働—ささやかな「介助者学」のこころみ』明石書店、2013年、245～277頁。

——「『働ききれない労働者』と生活保護」『きずな』ロシナンテ出版、2014年、58～66頁。

寺本晃久・編集『良い支援？—知的障害／自閉の人たちの自立生活と支援』生活書院、2008年。

西田美紀「独居ALS患者の在宅移行支援（一）—二〇〇八年三月～六月」『生存学』（1号）生活書院、165～183頁。

新田勲『足文字は叫ぶ！』現代書館、2009年。

ピープルファースト東久留米『知的障害者が入所施設ではなく地域で生きていくための本』生活書院、2010年。

横田弘・立岩真也・臼井正樹『われらは愛と正義を否定する―脳性マヒ者 横田弘と「青い芝」』生活書院、2016年。
横塚晃一『母よ！殺すな』生活書院、2007年。
渡邉琢『介助者たちは、どう生きていくのか―障害者の地域自立生活と介助という営み』生活書院、2011年a。
――「健全者・介護者・介助者・支援者をめぐって」『支援』（1号）生活書院、2011年b、156〜160頁。

## 参考URL

厚生労働省「平成23年生活のしづらさなどに関する調査（全国在宅障害児・者等実態調査）」、http://www.mhlw.go.jp/toukei/list/seikatsu_chousa.html、2017年1月5日アクセス。
厚生労働省「平成27年度都道府県・市区町村における障害者虐待事例への対応状況等（調査結果）」、http://www.mhlw.go.jp/stf/houdou/0000145882.html、2017年1月5日アクセス。
内閣府「平成29年版　障害者白書（概要）」、http://www8.cao.go.jp/shougai/whitepaper/h29hakusho/zenbun/pdf/ref2.pdf、2017年1月5日アクセス。
e-GOV「障害者の日常生活及び社会生活を総合的に支援するための法律に基づく指定障害者支援施設等の人員、設備及び運営に関する基準」、http://law.e-gov.go.jp/htmldata/H18/H18F19001000172.html、2017年1月5日アクセス。
住まいの場づくり『住まいの場づくり in JCIL』、http://sumai-no-ba-jcil.blogspot.jp、2016年11月15日アクセス。
矢吹文敏・高橋慎一「障害者運動とまちづくり運動の展開（1）―矢吹文敏氏（日本自立生活センター）に聞く」、http://www.arsvi.com/2000/0908ts.htm、2016年11月15日アクセス。
堀田義太郎、北村健太郎、渡邉あい子、山本晋輔、堀川勝文、中院麻央、小林かおり、貞行就学、高橋慎一、坂田幸一「在宅独居ALS療養者のケアニーズ―1分間×24時間タイムスタディに基づく事例報告と検討」『在宅療養中のALS療養者と支援者のための重度障害者等包括支援サービスを利用した療養支援プログラムの開発』、http://www.arsvi.com/2000/0803ky07.htm、2016年11月15日アクセス。

第10章

# 拡大する「住まいの貧困」とハウジングファースト

稲葉 剛

## 1 「適切な住まい」とは何か

ハウジングファーストは、ホームレス状態にある人々に対して、安心して暮らせる恒久的な住まいを提供することを最優先とする支援アプローチであり、1990年代のアメリカで、重度な精神疾患をかかえ、慢性的なホームレス状態にある人々への支援手法として開発されてきた。その実践を支えているのは、「住まいは基本的人権である」という理念である。

「住まいは基本的人権である」という理念は、1996年にイスタンブールで開催された第2回国際連合人間居住会議（ハビタット2）で採択された「イスタンブール宣言」において、「適切な住居への権利」（the right to adequate housing）という言葉で確認されている。同宣言では、「適切な住居への権利」を「全面的かつ漸進的に実現する」ことを全会一致で再確認した。

言うまでもなく、「適切な住居への権利」はハウジングファーストのプログラムを利用するホームレスの人々にだけ保障されればよい権利ではなく、本来、すべての人に保障されるべき普遍的な権利である。本章では、その観点から「適切な住居」を確保できない状況を「住まいの貧困」と定義した上で、現代日本社会における「住まいの貧困」の現状を概観していきたい。

そもそも、「適切な住居」とはどのような住居なのだろうか。国連の社会権規約委員会は1991年の「一般的意見4号」において、住居への権利とは単に雨露をしのぐ屋根があるという意味で解釈されるべきではなく、「安全に、平和に、尊厳をもって、ある場所に暮らす権利」であるとしている。その上で、委員会は「適切な住居」を以下の7つの要素で定義している。

【居住権の法的安全】強制立ち退きや嫌がらせ等から法的に保護されていること。
【サービス、物資、設備、インフラが利用できること】健康、安全、快適な暮らしを営むための適切な設備があり、電気・ガス・水道、ごみ処理などのインフラが利用できること。
【アフォーダビリティ（affordability）】経済的に適切な負担で居住できること。
【居住可能性（habitability）】広さ、温度、湿気などが適切で、健康に対する脅威がなく、安全で健康に暮らせる居住環境であること。
【アクセシビリティ（accessibility）】障害者、高齢者、疾患をかかえる人など不利な状況にある人に利用可能であること。
【ロケーション（location）】雇用が選択でき、医療、教育、保育などの社会サービスにアクセスできる場所にあること。
【文化的に適切であること】住居の文化的側面が犠牲にされないこと、また必要に応じて、近代的な技術が確保されていること。

なぜ、この7つの要素が重要なのだろうか。現代の日本社会の状況をふまえて考えてみたい。

「住」という漢字は「人に主（あるじ）」と書くが、「住む」という行為は、人間が生活のために一定の空間を長期間にわたって占有するということを意味している。「住む」という行為には、「空間」×「時間」という二つの変数があると言える。

そのため、「適切な住居」を定義するためには、【サービス、物資、設備、インフラが利用できること】という空間的要素だけでなく、長期間の占有を可能にする【居住権の法的安全】があるかどうかが問題になる。

また、カプセルホテルやネットカフェのような空間は、短期間の宿泊には問題ないかもしれないが、心身の影響などを考慮すると、長期間にわたって暮らすには適していないと言える。そのため、「時間」を考慮すると、広さなどの【居住可能性】は重要な要素となる。

【サービス、物資、設備、インフラが利用できること】、【居住権の法的安全】、【居住可能性】といった要素は万人にとって必要不可欠な要素であると言えるが、ここに「どのような人」が住むのかという3つ目の変数を加えると、【アクセシビリティ】や【ロケーション】、【アフォーダビリティ】といった要素が重要であることがわかる。

現代の日本社会では、高齢者や障害者、外国人、性的少数者などの属性をもつ人々に対する民間賃貸住宅市場での入居差別は深刻であり、これらの人々は住居への【アクセシビリティ】において大きな困難をかかえている。

また、入居できる住居があったとしても、通える範囲に就くことのできる仕事があるのか、医療、保育、教育などそれぞれのニーズにあった社会サービスにアクセスできるのか、といった【ロケーション】の問題も重要である。

【ロケーション】が良くても、収入に見合った家賃水準の住居が見つかるのかという【アフォーダビリティ】の問題も存在する。現実には、現代の日本の大都市において、【ロケーション】と【アフォーダビリティ】の両立は困難であり、どちらかを犠牲にしている人はかなりの数にのぼるであろう。

【文化的に適切であること】という点については、現代の日本社会では住居建築の均一化が進んで久しいので、大きな問題にはなっていないように見えるが、高齢者が和室の寝室を望むといったケースが考えられるだろう。

ホームレスの人たちへの支援手法としてハウジングファーストを実践する際、提供される住居は、上記の7つの要素をすべて満たした「適切な住居」であることが望ましい。

だが、実際には現代日本社会において、ホームレス状態にある人たちだけでなく、低所得者が「適切な住居」を確保するためのハードルは、かなり高いと言える。

以下では、特に単身の若者や高齢者、障害者の「住まいの貧困」について、【アフォーダビリティ】、【アクセシビリティ】などの要素を中心に見ていこう。

## 2　家賃負担の高さと追い出し屋問題

都市部の民間賃貸住宅に暮らす低所得者が直面している共通の課題は、収入に見合った家賃水準の住宅を確保することが困難なため、過度な家賃負担を強いられるという【アフォーダビリティ】の問題である。特に単身世帯において、【アフォーダビリティ】の問題は深刻化している。

2014年の全国消費実態調査によると、全国の民間賃貸住宅に暮らす単身世帯の平均消費支出は月約17万6千円で、そのうち家賃に約5万1千円を支出している。消費支出に占める家賃の割合は29.1%にのぼっており、15年前の1999年と比較すると、その割合は2.3%上昇している。家賃に支出している金額は横ばいであるが、収入の減少に伴い、消費支出が8%近くも減っているため、消費支出に占める家賃の割合が上がっているのだ。

全国の民間借家に暮らす単身世帯の生活状況

| | 1999年 | 2014年 |
|---|---|---|
| 年間収入（千円） | 3630 | 3334 |
| 消費支出(月額・円) | 190174 | 175515 |
| 家賃（月額・円） | 51016 | 51140 |
| 家賃/消費支出(%) | 26.8 | 29.1 |

出所：全国消費実態調査より著者作成

この数字は全国平均なので、家賃相場の高い都市部の低所得者層では、消費支出の3割以上を家賃に回しているのは確実である。東京23区では、4割以上という例も珍しくないだろう。

この背景には、1990年代中盤以降、ワーキングプアが増加したという労働市場の変化もあるが、もう一方で、東京などの大都市部において、かつて低所得の単身者の受け皿であった木造賃貸住宅が減少し、低価格帯のアパートが減っていることも影響していると思われる。

収入に見合った家賃の住宅を確保できなければ、家賃を滞納してしまうリスクが高まり、最悪の場合、滞納によって住居を喪失する事態に陥ることになる。

その住居喪失のリスクをさらに高めているのが、近年、社会問題化している「追い出し屋」の存在だ。

本来、賃貸住宅の賃借人には居住権があるので、家賃を少し滞納しただけで追い出すことは借地借家法や民法に違反する不法行為である。しかし、近年、家賃保証会社や管理会社、大家などが部屋をロックアウトするなどして、一方的に賃借人を追い出す行為が頻発している。

賃借人の権利擁護を行っている法律家や運動団体は、こうした不法行為を行う業者を「追い出し屋」と呼んで批判し、各地で被害の掘り起こしに努めてきた。その結果、これまで30件近い訴訟が提起されており、ほとんどの事件で被害者への損害賠償が認められている。

2016年4月13日には、2か月の家賃滞納を理由に、ドアに錠を取り付けられ、家財道具を処分されたとして、東京都内に暮らす40代の男性が家賃保証会社を訴えていた裁判で、東京地裁が家賃保証会社に55万円の支払いを命じる判決を出した。判決は、家賃保証会社の行為が「窃盗や器物損壊罪にあたる」と指摘。刑事上の責任についても言及した。

このような追い出し行為は、まさに賃貸住宅の賃借人の【居住権の法的安全】を脅かしていると言えよう。

### 3　ネットカフェや「脱法ハウス」で暮らす若者たち

「追い出し屋」の被害に遭い、賃貸住宅を退去せざるをえなくなった人のなかには、広い意味でのホームレス状態に陥ってしまう人も少なくない。

路上生活者問題の経緯については、第3章で詳述したが、近年は、ネットカフェや友人宅など「路上一歩手前」とも言うべき状況にある人々も増えていると思われる。そのなかには20代、30代の若年層も数多く含まれている。

生活困窮者を支援するNPOの相談現場で、住まいを失った20～30歳代の若者がたびたび相談に訪れるようになったのは、2004年以降のことである。

非正規の若年労働者が生活に困窮した結果、住まいを喪失してしまうという状況は、『ワーキングプア』(2006 〜 2007年、NHKで計3本放映)、『ネットカフェ難民』(2007 〜 2008年、日本テレビ系列で計4本放映) といったテレビシリーズによって広く知られるようになった。

こうした報道に押される形で、厚生労働省は2007年6月、「ネットカフェ難民」の実態を把握するため「住居喪失不安定就労者等の実態に関する調査」を実施し、ネットカフェ等を週の半分 (3 〜 4日程度) 以上オールナイト利用する「常連的利用者」である「住居喪失者」は、全国で約5400人であるという推計値を発表した。その就労形態別の内訳は、住居喪失非正規労働者約2700人、住居喪失正社員約300人、住居喪失失業者約1300人、住居喪失無業者約900人等とされている。

ネットカフェで寝泊まりをする人は、ネットカフェの利用料が支払えなくなれば、すぐに退去を迫られることになる。また、ネットカフェは、そもそも人が居住することを想定した環境になく、長期間、リクライニングチェアでの睡眠を強いられたがゆえに腰痛などの疾病を発症した人に私は会ったことがある。その意味で、ネットカフェ生活は【居住の法的安全】や【居住可能性】をまったく欠いていると言える。

また、ネットカフェの利用料は1か月間、宿泊すると、月6万円前後になる。月々の負担だけを考慮するならば、賃貸住宅を借りるほうが安い場合が多いのだが、アパートを借りる際の初期費用や連帯保証人の問題がネックになって入居できず、割高のネットカフェ生活から抜け出せない人も多い。ネットカフェ生活は【アフォーダビリティ】の点でも不利だと言えよう。

安定した住まいを失った若者たちが暮らしているのは、ネットカフェだけではない。2013年には、毎日新聞の報道がきっかけになって、東京の都心部を中心に「脱法ハウス」が増えていることが知られるようになった。

「脱法ハウス」とは、建築基準法や消防法が共同住宅に課している規制をすり抜けるために、「レンタルオフィス」や「貸倉庫」等の名称で営業しているものの、実際には2 〜 3畳に仕切られた狭小なスペースを住居として貸し出し、多人数を居住させている物件を指す。

「脱法ハウス」が増えた背景には、東京都で2010年7月より施行されたネットカフェ規制条例の影響がある。防犯対策の名目で制定されたこの条例により、ネットカフェの事業者は、利用者が入店する時に本人確認書類を提示させることが義務付けられた。

ネットカフェに生活をしている人のなかには、かつては賃貸アパートで暮らしていたものの家賃滞納などの理由でアパートを退去した、という経験をもつ人が少なくない。アパート退去をきっかけに住民票が自治体により消除されてしまった人は、住民基本台帳カードなどの本人確認書類を用意できないため、ネットカフェ規制条例の施行によりネットカフェに入店できなくなってしまった。「ネットカフェ難民」の一部がネットカフェにすら泊まれない、という【アクセシビリティ】の問題が生じたのである。

こうした人々をターゲットに、東京では2010年ころから、窓のない極端に狭い部屋を貸し出す業者が増えてきた。こうした部屋は当初、「コンビニハウス」、「押し入れハウス」などと呼ばれていたが、2013年、毎日新聞が「脱法ハウス」という造語でこの問題を報道すると、この用語で知られるようになった。

「脱法ハウス」問題が新聞やテレビで取り上げられたことを受け、国土交通省は2013年9月以降、「違法貸しルーム」という名称で、実態調査と規制に乗り出した。だが、一部の業者は、規制をすり抜けて営業を続けているようだ。

違法貸しルームのイメージ　　出所：国土交通省ウェブサイト

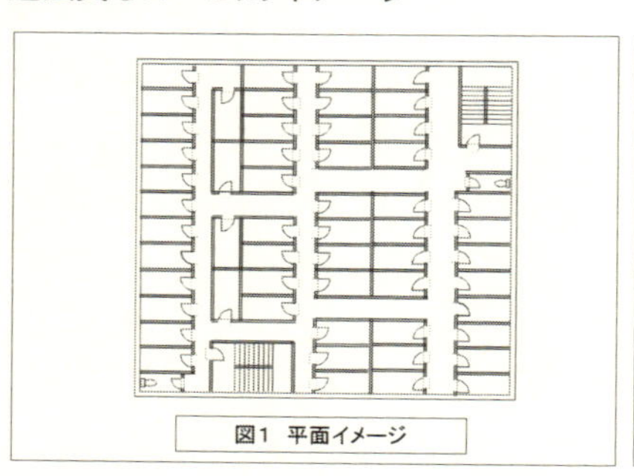
図1 平面イメージ

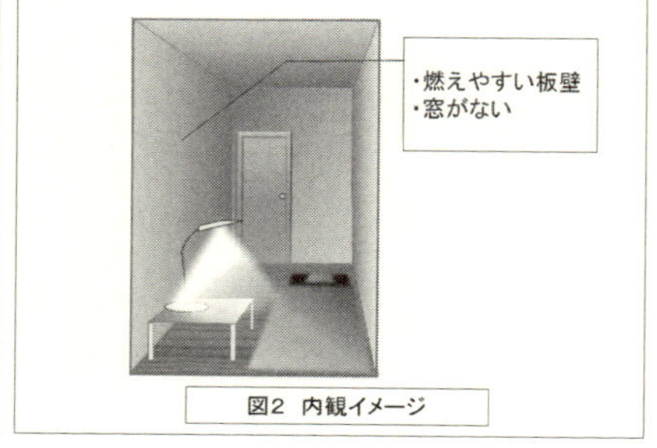

図2 内観イメージ

「脱法ハウス」は、体を横たえて眠ることができるという点では、ネットカフェと比較すると居住性はまだ良いと言えるが、広さや防音、安全性において、【居住可能性】を欠いている。また、「脱法ハウス」の入居者が事業者と結んでいる契約内容も、居住権を否定するものがほとんどであり、入居者は【居住権の法的安全】という点でも不利な立場にあると言える（ただし、国土交通省は「脱法ハウス」といえども居住権は借地借家法で守られるという見解を示している）。

「脱法ハウス」の多くは、東京の都心部に存在している。こうした物件に入居している人のなかには、非正規の仕事で働いているものの、会社から交通費が支給されないため、家賃の比較的安い郊外のアパートではなく、都心の「脱法ハウス」に住むことを選んでいる人もいるようだ。こうした状況は、【ロケーション】を優先して、【アフォーダビリティ】を犠牲にしていると言える。

ネットカフェ生活や「脱法ハウス」での生活を強いられる若者は、特殊なケースのように思われがちだが、都市部で暮らす低所得の若者にとって、こうした生活に陥るのは決して珍しいことではない。そのことを明らかにしたのが、2014年に実施された「若者の住宅問題」調査である。

この調査は、認定NPO法人ビッグイシュー基金の呼びかけで設立された「住宅政策提案・検討委員会」（委員長：平山洋介神戸大学大学院教授）が実施したものである。

調査は、大都市圏の若年・未婚・低所得者の住宅事情を明らかにすることを目的に、2014年8月に実施されたインターネット調査である。首都圏（東京都・埼玉県・千葉県・神奈川県）と関西圏（京都・大阪府・兵庫県・奈良県）に住む、20～39歳の未婚で、年収200万未満の個人（学生を除く）を対象にして、1767人（男性938人、女性829人）から回答を得ることができた。

この調査結果で最も衝撃的だったのは、対象者の77.4%が親と同居していたという事実である。2010年の国勢調査では、未婚の若者（首都圏・関西圏の20～39歳）の親同居率は61.9%であったから、この調査の回答者の親同居率が際立って高いことがわかる。
アンケートでは、広義のホームレス経験（定まった住居を持たず、ネットカフェ、友人宅などで寝泊まりをすること）の有無についても聞いているが、こうした経験があると答えた人は全体の6.6%にのぼった。特に、調査時点で親と別居しているグループでは、経験ありという回答の割合が高く、13.5%にものぼっている。これは低所得の若者にとって、親の家から出て、アパートなど独立した住まいを確保することがホームレス化のリスクをかかえてしまうことを意味している。
このように、大都市部を中心に若者の住まいの貧困は深刻化しており、低所得の若者にとって「適切な住居」を手に入れるのはかなり困難な状況にあると言える。

### 4　深刻な高齢者への入居差別

若者に限らず、都市部の民間賃貸住宅に暮らす低所得者は【アフォーダビリティ】の問題をかかえているが、高齢者や障害者、外国人、性的少数者といった人々は、それに加えて【アクセシビリティ】の問題にも直面している。以下では、単身高齢者と障害者の状況について見ていこう。
国立社会保障・人口問題研究所が2013年2月に発表した「日本の世帯数の将来推計（全国推計）では、2010年に498万世帯であった65歳以上の単独世帯は、2035年には762万世帯と1.53倍に増加すると推計されている。
単身世帯が増える理由はさまざまだが、生涯未婚率（50歳までに一度も結婚したことのない人の割合）は上昇を続けており、男性ではすでに2割を突破。厚生労働省は、2035年に男性は29%にまでアップするという見通しを立てている。
一方、1990年代以降の雇用の流動化は、多くの人にとって「高齢期までの持ち家取得」を実現不可能な夢にしてしまった。現在、非正規雇用の労働者は全労働者の約4割を占めるまでに至っているが、非正規労働者は収入が不安定であると見なされ、金融機関からの住宅ローン借り入れの審査がきびしくなる傾向にある。2013年時点で、単身高齢者のうち民間賃貸住宅に暮らす人の割合は21.9%だが、今後、この割合が増えていくのは必至である。

「高齢期になっても、賃貸住宅で一人暮らしをする」という層が増加する社会において、大きな社会問題になりつつあるのが、民間賃貸住宅における単身高齢者への入居差別の問題である。

私自身の経験でも、70歳以上の単身高齢者の部屋探しはかなり難しいという印象を持っている。80歳を超える単身高齢者の部屋探しを手伝ったことも何度かあるが、一般的なルートで民間の不動産店をまわっても、まず見つからない。入居者が居室内で孤独死するのではないか、という不安をオーナーが抱くからだ。私たちＮＰＯの活動に協力的な賃貸物件オーナーに個別に依頼し、入居後の見守りや安否確認をＮＰＯが行うことを確約して、初めて入居への道が開けるといった状況である。

高齢者への入居差別の問題は、2014年に国土交通省に設置された「安心居住政策研究会」でも大きな議論となった。2015年4月に発表された同研究会の「中間とりまとめ」では、高齢者の入居に拒否感をもつ家主の割合を現在の6割から2020年度までに半減させる、という目標値が掲げられた。

この「6割」という数値は、公益財団法人日本賃貸住宅管理協会が2010年11月に実施した「高齢者の入居に拒否感がある賃貸人の割合が59.2%にのぼる」という調査結果に由来していたが、皮肉なことに「中間とりまとめ」が発表されたあとの2015年12月に実施された同様の調査では、「拒否感がある賃貸人の割合」が70.2%まで上昇してしまった。その影響か、2016年4月に発表された安心居住政策研究会の最終報告では、前述の数値目標は盛り込まれなかった。「中間とりまとめ」に盛り込まれた数値目標が、最終報告では削除されてしまったのである。

## 5 障害者差別解消法は入居差別をなくせるか

高齢者同様、きびしい入居差別にさらされているのが障害者である。前述の日本賃貸住宅管理協会による2015年の調査結果でも、障害者のいる世帯の入居に「拒否感がある」と答えた賃貸人の割合は74.2%にのぼっている。2010年調査では52.9%だったので、5年間で21.3%もアップしてしまったことになる。

2016年7月26日には、神奈川県相模原市の知的障害者施設に元職員の男が侵入し、19人の入所者が殺されるという、犯罪史上、まれに見る凄惨な事件が発生した。この事件では容疑者の男性が障害者を抹殺することを正当化する偏った思想をもっていたことが注目されたが、こうした差別思想は容疑者個人の特異性で片づけられるものではなく、程度の差こそあれ、私たちの社会に内在していると私は考える。その意味で、賃貸人の約4分の3が「障害者はなるべくなら入居してほしくない」と感じているという状況は、不動産業界だけでなく、社会全体の問題として深刻にとらえる必要があるだろう。

こうした日本社会に根強い障害者差別をなくしていくため、2016年4月、障害者差別解消法が施行された。この法律は、2006年に国連総会で採択された障害者権利条約を日本が批准するために制定された法律の一つで、日本社会から障害を理由とする差別をなくしていくことを目的としている。

法律は差別を解消するための措置として、民間事業者に対しても「差別的取扱いの禁止（法的義務）」と「合理的配慮の提供（努力義務）」を課しており、その具体的な対応として、それぞれの分野の担当大臣に事業者向けの対応指針を示すことを求めている。

住宅の分野では、2015年12月、国土交通省が宅地建物取引業者を対象とした対応指針を公表した。指針では「差別的な取扱い」として禁止する行為として、以下のような事例が挙げられている。

・物件一覧表に「障害者不可」と記載する。
・物件広告に「障害者お断り」として入居者募集を行う。
・宅建業者が、障害者に対して、「当社は障害者向け物件は取り扱っていない」として話も聞かずに門前払いする。
・宅建業者が、賃貸物件への入居を希望する障害者に対して、障害があることを理由に、賃貸人や家賃債務保証会社への交渉等、必要な調整を行うことなく仲介を断る。
- 宅建業者が、障害者に対して、「火災を起こす恐れがある」等の懸念を理由に、仲介を断る。
- 宅建業者が、一人暮らしを希望する障害者に対して、一方的に一人暮らしは無理であると判断して、仲介を断る。
- 宅建業者が、車いすで物件の内覧を希望する障害者に対して、車いすでの入室が可能かどうか等、賃貸人との調整を行わずに内覧を断る。
- 宅建業者が、障害者に対し、障害を理由とした誓約書の提出を求める。

過去に障害者への入居差別として問題となった事案としては、2010年には東証一部上場企業の大手不動産会社が入居者と結んだ賃貸借契約書の問題がある。

この契約書では、「入居者、同居人及び関係者で精神障害者、またはそれに類似する行為が発生し、他の入居者または関係者に対して財産的、精神的迷惑をかけた時」は契約を解除するという条項を設けていたことが判明し、大阪府が改善を指導。この会社が問題の条項を削除し、障害者団体などに謝罪する、という展開になった。法律が施行されたことにより、こうした「明文化された形での入居差別」はなくなっていくと思われる。

だが、本当に障害者は民間賃貸住宅に入居しやすくなるのだろうか。法律の効果により、「明文化された形での入居差別」は根絶されるだろうが、「明文化されない、明示されない形での入居差別」はなかなかなくならないのではないか、と私は懸念している。

国土交通省は、低所得者、高齢者、障害者、子育て世帯、被災者らを「住宅の確保に配慮が必要な者」(住宅確保要配慮者）と定義し、民間の賃貸住宅ストックを活用した居住支援を進めてきた。2017年4月には、改正住宅セーフティネット法が国会で制定された。改正法の目玉は、空き家を活用した新たな住宅セーフティネット制度の創設で、同年10月には空き家の登録制度が開始されている。だが、空き家の登録がどこまで進むのか、どのような質の住宅が提供されるのか、といった点は未知数である。

## 6 「社会デザイン」としての「ハウジングファースト」

これまで、主に【アフォーダビリティ】の問題をかかえる低所得の若者と、【アクセシビリティ】の壁に直面する単身高齢者、障害者の「住まいの貧困」について概観してきた。

ほかにも、外国人、性的少数者、ＤＶ被害者、ひとり親家庭、被災者などの属性をもった人々が、それぞれ住宅問題をかかえている。また、若者以外の低所得の単身者の状況も深刻だ。

私はこのような社会状況のなかで、ハウジングファースト型の事業を利用するホームレスの人たちにだけ「適切な住居」を確保するというプログラムの実現は困難であり、社会的な理解も得られにくいと考えている。

第３章でも述べたように、東京都が2004年から2009年にかけて実施した地域生活移行支援事業では、民間賃貸住宅の空き室を活用したハウジングファースト的なプログラムが実施されたが、この事業で提供された住宅は、広さや健康への影響といった点について【居住可能性】に欠ける物件も少なくなかった。

また、地域生活移行支援事業やアメリカでのハウジングファースト事業では、入居者を支援する団体が物件を借り上げ、入居者にサブリースするという手法が用いられているが、【居住権の法的安全】という観点からすると、サブリースではなく、入居者がオーナーと直接契約をするほうが望ましい。今後、日本でハウジングファースト型の支援策を実践をしていく際、【アクセシビリティ】の問題を回避するために、サブリースはやむをえないと考えるのか、直接契約が可能な物件を開拓していくのか、議論が必要であろう。

冒頭で述べたように、理想論を言えば、イスタンブール宣言で確認された「適切な住居への権利」は普遍的な人権であり、この社会に暮らすすべての人に保障されるべきである。そのため、私は、慢性的なホームレス状態にある人々への「支援アプローチ」としての「ハウジングファースト」を実践していくのと同時に、すべての人に「適切な住居への権利」を保障していくため、「住まいの貧困」を解消し、日本の低所得者の住まいをめぐる状況を底上げしていく必要があると考えている。

長い時間がかかろうとも、すべての人に「適切な住居への権利」を保障する社会システムへと私たちの社会を創り変えていく必要があるのだ。

いわば、それは「社会デザイン」としての「ハウジングファースト」である。

そのように射程を広げると、日本の障害者地域自立生活運動や、精神科病院の長期入院患者の地域移行をめざす取り組みも、広義の「ハウジングファースト」として位置づけることができる。また近年、民間レベルでさかんになってきた児童養護施設出身者や母子家庭などへの住宅支援事業も、広義の「ハウジングファースト」と言えるだろう。

慢性的なホームレス状態にある人たちへの「支援アプローチ」としての「ハウジングファースト」を実践していくのと並行して、「社会デザイン」としての「ハウジングファースト」という構想を深め、その実現を働きかけていきたい。

## ハウジングファースト東京プロジェクトのご紹介

2010年、東京・池袋でホームレス支援を続けてきたNPO法人TENOHASI、国際NGOの「世界の医療団」、北海道・浦河のべてるの家の関連団体である「べてぶくろ」の3団体によって、東京プロジェクトが結成されました。

東京プロジェクトは、「医療・福祉支援が必要な生活困難者が地域で生きていける仕組みづくり・地域づくりに参加する」ことを理念とし、ホームレス状態にある人の医療・保健・福祉へのアクセスの改善、精神状態と生活の回復をめざして、活動を展開してきました。

ホームレス状態の方の多くが、何らかの障害や自分では解決できない生きづらさをかかえていること、それぞれが地域で安定した生活を営み社会の中での適切な居場所を確保するために医療・福祉のサポートが不可欠であることは、これまで十分に認識されてきませんでした。東京プロジェクトは、この問題に向き合い解決するための体制と仕組みづくりを模索してきました。

東京プロジェクトは、その後、参加団体が増え、2016年より、ハウジングファーストを実践していくことを重要なテーマと位置づけた上で、プロジェクト名称をハウジングファースト東京プロジェクトと改称しました。現在では、7つの団体がそれぞれの専門性を活かしながらプロジェクトを進めています。

ハウジングファースト東京プロジェクト構成団体（2017年12月現在）

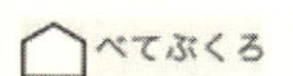

訪問看護ステーション KAZOC

世界の医療団日本
（全体運営、医療福祉相談、アドボカシー、研修）

コミュニティホームべてぶくろ
（グループホーム運営、当事者研究、コミュニティスペース）

NPO法人 TENOHASI
（夜回り、炊き出し、生活サポート）

訪問看護ステーション KAZOC
（精神科訪問看護）

一般社団法人つくろい東京ファンド
（住宅支援、「カフェ潮の路」の運営、アドボカシー）

ゆうりんクリニック
（診療、訪問医療、福祉相談）

NPO法人 ハビタット・フォー・ヒューマニティ・ジャパン
（住まいの修繕と管理）

「ハウジングファースト」とは、住まいを失った人々の支援において、安心して暮らせる住まいを確保することを最優先とする考え方のことです。欧米のホームレス支援の現場では一般的になりつつあり、重度の精神障害を抱えるホームレスの方の支援でも有効であることが実証されています。

ハウジングファースト型の支援では、ホームレス状態にある人々に対して無条件で住まいを提供し、精神科医、看護師、ソーシャルワーカー、ピアワーカーなど多職種からなるチームと地域が連携して、その人を支えていくという手法が採られています。調査の結果、ハウジングファースト型支援によって社会的なコストが削減できることも判明しています。

**これまでの支援のあり方**　　**ハウジングファースト**

支援、行政が「家に住むこと」についてその可否を「判定」し「許可」し、「決定」する

- 住まいは人権である
- 家は無条件で提供する
- 本人が「決定」する
- 支援者は生活の支援を提供する

誰かが決めたレールの上を歩ませるのではなく、まずは地域の住みたい場所に自分の部屋を得ること。

そこで自分のペースとスタイルで、地域の一人として暮らしていくこと。

支援者はそれを応援していくこと。

ゴールだと思われていた住まいをスタートとすることで、実は本人の回復（リカバリー）が圧倒的に実現されていくのです。

ハウジングファースト東京プロジェクトは、ハウジングファースト・モデルによる支援を通じて、誰一人としてホームレス状態に陥ることのないコミュニティの創造をめざします。

1

## 住まいを失った方たちの背景

*支援に繋がっても生活保護を受けても、*

*何回も何十回も失踪してしまう人たち…*　　なぜ？？

- ◆「うつ」などなんらかの精神症状がある方の割合　4～6割　※1
- ◆「軽度知的障がい」（IQ50－69）にあたる方の割合　3割以上　※1
- ◆ 現行の制度では、支援に繋がってもアパートまでの道のりが遠い
- ◆ シェルター、施設に入所、まず（病気や依存症などの問題を）治して、生活訓練を受けてから地域の住まいへ移行
- ◆ 重複した障がいや背景を持つ人にはこれらが「越えられない障壁」
- ◆ そして再度、路上へ戻らざるをえない…

長期化・再路上化している「ホームレス」の人たちが
抱える生きづらさが多く、強いほど、
本来なら何より必要な医療／福祉にアクセスできていない現状

2

※1 2008～2009年、2009～2010年調査より
（東京都、ほとむあっぷ研究会調査）

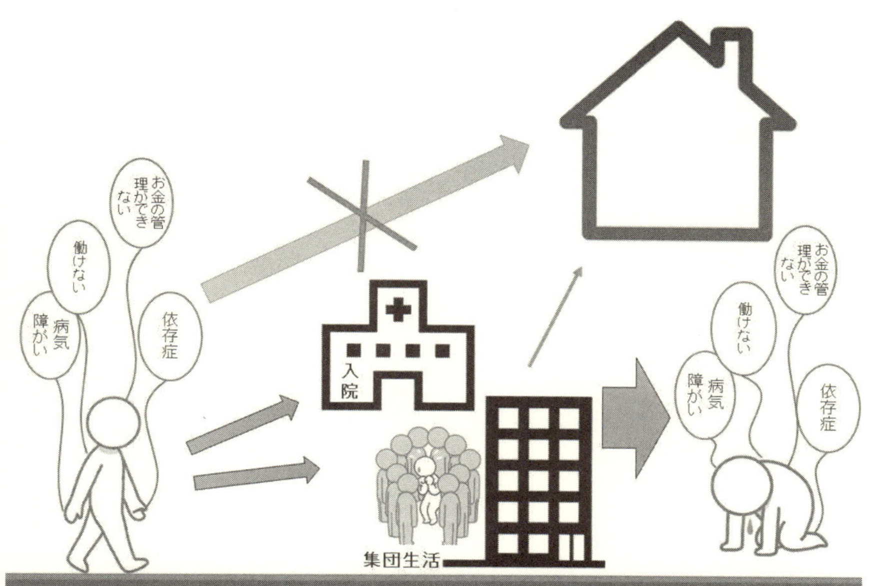
お金の管理ができない
働けない
病気障がい
依存症
入院
集団生活
お金の管理ができない
働けない
病気障がい
依存症
3
そして、また路上へ...

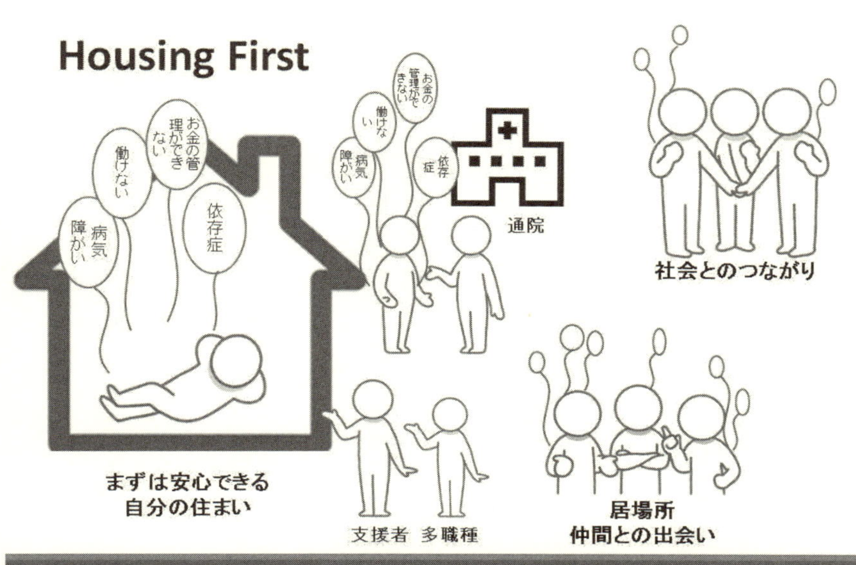
Housing First
お金の管理ができない
働けない
病気障がい
依存症
お金の管理ができない
働けない
病気障がい
依存症
通院
社会とのつながり
まずは安心できる自分の住まい
支援者　多職種
居場所
仲間との出会い
4
いつの間にか風船は小さくなっている...

## ハウジングファースト支援モデル

*1990年代初頭にアメリカで提唱され、その後、カナダへ、そして現在はヨーロッパへも広がっている支援モデル。まずは住まいを提供し、その上で、精神・身体的健康、依存症、教育、就労などの分野における支援サービスを包括的に提供する。*

*「侮辱的な扱いをされ、長年希望を失ってきた方たちに、住まいを提供することによって尊厳を回復し、その人のうちにある希望に火をつける。最も重要なことはホームレス状態からその人自身の住まいへと移る変化が、心と体の回復の始まりとなり、コミュニティから疎外された者から価値あるコミュニティのメンバーへと一気に変えることだ。」*

*("Houging First" Sam Tsembris)*

◆住まいは人権である
◆すべての利用者への敬意と共感
◆家は無条件で提供する
◆本人が自分で選択し、決定する
◆支援者はそれを応援していく
◆利用者との繋がり
◆地域に分散した住まい、独立したアパート
◆住まいと住まい以外の支援を分ける
◆リカバリーオリエンテーション
◆ハームリダクション

5　**ハウジングファーストが大切にする理念**

## プロジェクト・イメージ図

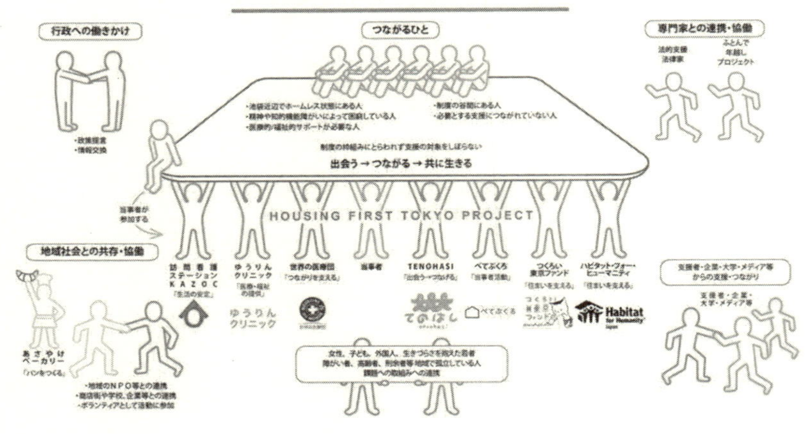


6　**プロジェクト・イメージ図**

## ハウジングファースト東京プロジェクトの成り立ち

| 構成団体 | |
|---|---|
| TENOHASI | 2003年～池袋で夜回り・炊き出しを行ってきたホームレス支援団体 |
| 世界の医療団 | 1980年にフランスにて設立されたNGO。15カ国に事務局があり国内外で医療の非整備、格差に取り組む。全体コーディネート、医療相談会、アドボカシーなど |
| べてぶくろ | 北海道浦河べてるの家×池袋＝べてぶくろ<br>グループホームの運営、当事者研究、<br>べてるの商品販売、自助活動 |
| 訪問看護ステーションKAZOC | 看護師・作業療法士による精神科訪問看護事業を行なっている。現在は都内4箇所に事業所を持つ |
| つくろい東京ファンド | 住宅支援、「カフェ潮の路」の運営、アドボカシー |
| ゆうりんクリニック | 2016年春に開院したソーシャルワーク中心型の医療サービス機関 |
| ハビタット・フォー・ヒューマニティー・ジャパン | 1976年アメリカで発足。設立以来、世界70か国以上1,300万人以上に住宅支援を行う国際NGO。日本の住宅支援では、修繕、清掃支援、見守り活動等を実施。 |

7

**7団体のコンソーシアム**

- 2003 TENOHASI設立：毎週水曜日の夜回り、月2回炊き出し・医療・生活福祉相談会　路上生活を脱出するための活動・脱出した後の生活を考える
- 2009 世界の医療団　べてぶくろ　合流：TENOHASI内の調査研究チームが障がいに関する大規模調査②を実施（①は2008年に実施）
- 2010 皆が集まる居場所　日中活動開始：「東京プロジェクト」スタート　医療・福祉の支援が必要なホームレス状態にある人々の精神と生活向上プロジェクト
- 2011 池袋あさやけベーカリー設立：夜回りに配るパン作り、地域の大学の委託事業を行う
- 2012 安定した住まいの確保を目的に、グループホームしずく　設立
- 2013 訪問看護ステーションKAZOC誕生：障がいがあっても地域社会で安定して生活できるように訪問看護を通じサポート
- 2014 つくろい東京ファンドと連携：他の地域との輪を広げ、個室シェルターのニーズに応える
- 2015 「ハウジングファースト東京プロジェクト」に名称変更　まずは安心できる住まい、そこからリカバリーが始まる
- 2016 ゆうりんクリニック設立：医療相談や夜回りで出会った治療の必要な方を支える
- 2017 ハビタット・フォー・ヒューマニティー・ジャパンと連携：住まいに関する悩みを解決、修繕と管理をサポート

8

**プロジェクト年表**

## 路上から居宅に移り現在プロジェクトでフォロー中 （2017年11月現在）146名

※個室シェルターは、つくろい東京ファンド、TENOHASIが運営
※グループホームはべてぶくろが運営

**現在の住まい**

| アパート | 個室シェルター | グループホーム | 簡易宿泊所 | 入院中/服役中 | ケアホーム/その他 |
|---|---|---|---|---|---|
| 108 | 10 | 10 | 9 | 4 / 1 | 1 / 3 |

**各団体がフォローしている人数**

| TENOHASI | べてぶくろ | KAZOC | ゆうりん | つくろい | ハビタット |
|---|---|---|---|---|---|
| 43 | 18 | 32 | 69 | 48 | 8 |

**単独もしくは複数の団体でフォローしている人数**

| 1団体 | 2団体 | 3団体 | 4団体 | 5団体 | 6団体 |
|---|---|---|---|---|---|
| 88 | 36 | 13 | 3 | 0 | 0 |

9 データ

## さまざまな人、専門家、ボランティアが協働する 2017年11月現在

| 団体名 | 職種 | フルタイム有給職員（換算） | 従事有給職員（実数） | フルタイムボランティア | ボランティア |
|---|---|---|---|---|---|
| TENOHASI | 精神保健福祉士、臨床心理士、ピア、一般ボランティア | 1人 | 1人 | 1人 | 多数 |
| **世界の医療団** | 医師、看護師、ロジスティック、事務・運営ボランティア、ピア、コーディネーター | 1.8人 | 3人 | | 約40人 |
| **べてぶくろ** | 社会福祉士、精神保健福祉士、ピア | 3.6人 | 6人 | | |
| **訪問看護ステーションKAZOC** | 看護師、作業療法士 | 3.3人 | 13人 | | |
| **つくろい東京ファンド** | 社会福祉士、精神保健福祉士、アパート管理人、カフェボランティア | 0.8人 | 2人 | 2人 | 12人 |
| **ゆうりんクリニック** | 医師（内科、精神科）、看護師、臨床心理士、受付事務、精神保健福祉士 | 4.7人 | 13人 | | |
| **ハビタット・フォー・ヒューマニティー・ジャパン** | 精神保健福祉士、コーディネーター、大学生ボランティア | 1人 | 2人 | | 50人 |
| 合計 | | 16.2人 | 40人 | 3人 | 102人＋ |

10

夜まわり

炊き出し

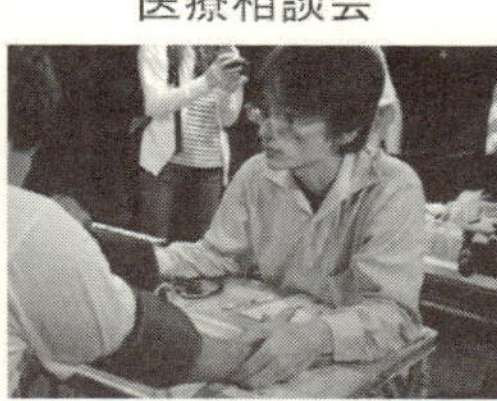

医療相談会

生活・福祉相談会

11 出会う

役所への同行

クリニック診療

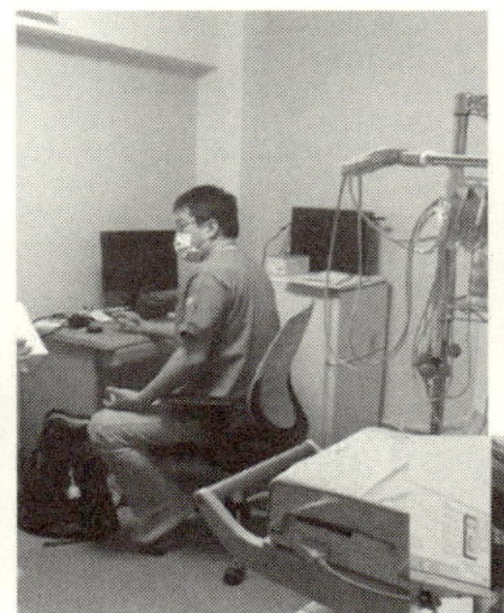

オープンダイアローグ

生活保護申請同行

各種福祉手続きサポート

ソーシャルワーク

訪問看護

12 つながる

シェルター運営

住まいの修繕と管理

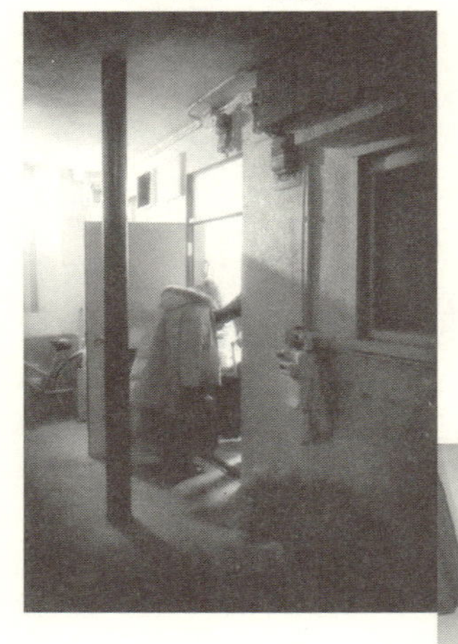

13　つながる・共に生きる

カフェ潮の路

大学の委託作業

居場所づくり　仕事づくり

池袋あさやけベーカリー

14　共に生きる

当事者研究

お花見

シルクスクリーン

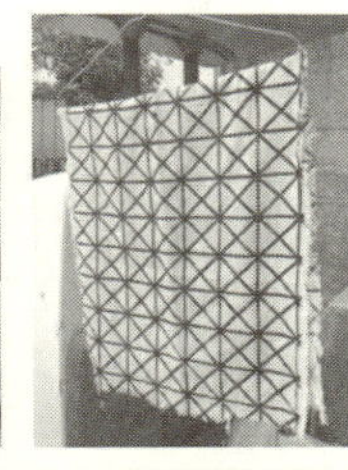

料理教室

みんなで作ってみんなで食べる

15　共に生きる

# おわりにかえて

かつて存在した「村」の話をしたい。

1990年代半ば、日本でホームレス問題が深刻化した当初、新宿駅西口に広がる地下空間に路上生活者のコミュニティが出現した。そこはいつしか「新宿ダンボール村」と呼ばれるようになり、最盛期には約300人がそこで寝泊まりをしていた。

毎年、秋が深まり、北風が吹き始めるころになると、「村」の住民たちはダンボールを集め、共同で何軒ものダンボールハウスをつくり始めた。

それらのハウスに「入居」する住民はあらかじめ決まっていなかった。彼らは本格的な冬に備えて、「これから住まいを失い、新宿の路上にたどり着くであろう誰か」のために家をつくっていたのである。

ダンボールハウスは、「住まい」としては脆弱であり、安全性に欠けている。実際、「新宿ダンボール村」は1998年2月に発生した火災によって、またたく間に焼失した。それでも、ダンボール1枚を路上に敷いて寝るよりも、ハウスをつくったほうがはるかに寒さをしのげ、命を守ることができるということを彼らは経験から知っていたのだと思う。

「住まい」を喪失した生活困窮者がまず必要としているのは、「住まい」である。そんなシンプルな現実を私は路上生活の当事者から教えてもらった。

問題は、ダンボールでできた「住まい」ではなく、安全で、行政によって排除されることのない「適切な住まい」をどうすれば提供できるのか、ということだ。「新宿ダンボール村」の焼失後、ホームレス支援のあり方についての模索を続けるなかで、私が最終的にたどり着いたのがハウジングファーストであった。

もちろん、ハウジングファーストは「ハウジングオンリー」(住まいさえ提供すればよい)という考え方ではない。

かつての「新宿ダンボール村」でも、新たに「村」にたどり着いた人がハウスに暮らすようになると、「村」の人々はコミュニティのルールや飲食店等で廃棄された食料の集め方など、生きていく上で必要な知識を新たな住民に授けていった。「ハウス」を得た新住民を孤立させないための工夫や住民同士のつながりも、そこにはあったのである。

かつての「ダンボール村」コミュニティのつながりに代わって、私たちがまず提供できるのは専門性に裏打ちされた医療的・福祉的な支援である。しかし、そこから始まる関わりは、一方向的な支援にとどまるものではなく、人と人とのつながりの再構築、新たなコミュニティの形成を志向している。

ハウジングファーストは、施設収容に偏重し、パターナリズム(本人の意思に関わりなく、本人に代わって意思決定をすること)から抜け出せずにいる日本の社会福祉や精神医療のあり方に変革を迫るだけではない。路上生活経験者に限らず、精神科病院の入院患者や障害者施設の入所者、不安定な居住環境で暮らさざるをえない人たちが、都市のあちこちで「適切な住まい」を手に入れ、それぞれの「住まい」を拠点に新たなつながりをつくり始める時、私たちの社会のあり方もゆっくりと着実に変化を遂げていくだろう。

ハウジングファーストという名の変革はすでに始まっている。変わることを恐れず、一歩前に踏み出す人が本書によって増えていくことを心から願っている。

編者を代表して　**稲葉　剛**

## 編者・執筆者紹介　執筆順　＊は編者

**＊森川すいめい**（もりかわ・すいめい）1973年、東京生まれ。翠会みどりの杜クリニック院長、認定NPO法人世界の医療団理事など。精神科医。阪神・淡路大震災時にボランティア活動を行って以後は、さまざまな支援活動を継続。2001年に「ホームレス」支援活動を開始。08、09年に日本で初めて路上生活状態にある人の中の精神障害者有病率調査を行った。著書に『漂流老人ホームレス社会』（朝日文庫、2015年）、『その島のひとたちは、ひとの話しをきかない』（青土社、2016年）など。

**熊倉陽介**（くまくら・ようすけ）1985年、群馬県生まれ。精神科医。公衆衛生学修士。生活困窮者やホームレス状態の人を対象とした精神科・総合診療に従事してきた。共同意思決定、薬物依存症地域支援、健康格差対策、ホームレス支援などを中心に、臨床と研究に携わっている。現在は、東京大学大学院医学系研究科精神保健学分野に所属。また、東京都や神奈川県において、いくつかの自立支援センター等の嘱託医を兼務している。

**山北輝裕**（やまきた・てるひろ）1979年、京都生まれ。日本大学文理学部社会学科准教授。著書に『路の上の仲間たち―野宿者支援・運動の社会誌』（ハーベスト社、2014年）、「野宿者の日常的包摂は可能か」内藤直樹・山北輝裕編『社会的包摂／排除の人類学―開発・難民・福祉』（昭和堂、2014年）ほか。

**＊稲葉　剛**（いなば・つよし）1969年、広島県生まれ。一般社団法人つくろい東京ファンド代表理事。立教大学大学院21世紀社会デザイン研究科特任准教授。住まいの貧困に取り組むネットワーク世話人。生活保護問題対策全国会議幹事。1994年より生活困窮者の支援に取り組んでいる。著書に『ハウジングプア』（山吹書店、2009年）、『生活保護から考える』（岩波新書、2013年）、『貧困の現場から社会を変える』（堀之内出版、2016年）など。

**吉田　涼**（よしだ・りょう）1992年、福島県郡山市生まれ。社会福祉法人救世軍社会事業団救世軍自省館（救護施設・アルコール依存症総合専門施設）支援員。社会福祉士。山谷・寿・西成でのホームレス生活や無料低額宿泊所の非常勤指導員を経験。東日本国際大学福祉環境学部社会福祉学科中退。日本社会事業大学社会福祉学部福祉援助学科卒業。

**小林美穂子**（こばやし・みほこ）1968年、群馬県前橋市出身。カフェ潮の路、潮の路珈琲コーディネーター。幼少時代をケニア、インドネシアで過ごし、長じてからはニュージーランド、マレーシアでホテル業界に勤務後、帰国して工業通訳者に。不惑に差し掛かったころにそれまで気になっていた路上者支援の世界に飛び込む。現在、優しい夫とおかしな猫と三人暮らし。

**＊小川芳範**（おがわ・よしのり）1962年12月23日名古屋市生まれ。特定非営利活動法人TENOHASI生活応援班。早稲田大学教育学部国語国文科卒業後、留学のため渡米。紆余曲折を経て、カナダのブリティッシュ・コロンビア大学で博士号（哲学）取得。帰国後は10年間の大学教員生活を経て、TENOHASIにボランティアとして参加。ソーシャルワークにのめり込み、精神保健福祉士の資格を取得。2014年4月より現職。Happily married：blessed with an affectionate son.

**大澤優真**（おおさわ・ゆうま）1992年、千葉県生まれ。一般社団法人つくろい東京ファンド生活支援スタッフ。社会福祉士。法政大学大学院　人間社会研究科　博士後期課程。2012年に起きた芸能人生活保護バッシングを機に生活保護への関心を深め、生活困窮者支援に携わるようになる。2014年のつくろい東京ファンド設立時から生活支援を担当。専門は公的扶助。現在、取り組んでいるテーマは外国人と生活保護。

**渡邊　乾**（わたなべ・つよし）1983年、東京都練馬区生まれ。訪問看護ステーションKAZOC代表者。作業療法士。都内の精神科病院に就職し、精神科医療の現状を知る。2013年に精神科訪問看護ステーションKAZOCを練馬区、豊島区に開設。同年、ハウジングファースト東京プロジェクトに参加。ホームレス支援を通じてハウジングファーストの有効性を証明し、同じ方法で精神科病院の長期入院を解消させることが目標。

**高橋慎一**（たかはし・しんいち）1978年、広島県福山市生まれ。日本自立生活センター（JCIL）介助者。2005年に青い芝の会の方たち、2007年に自立生活センターの仲間たちと出会い、介助者になる。JCILの土田五郎さん、小松満雄さんと障害者の住宅差別を解消する運動に取り組んでいる。近著に「何が暴力を振るわせるのか？〜障害者介助と暴力の構造」『生きている！殺すな』（山吹書店、2017年）など。

# ハウジングファースト

住まいからはじまる支援の可能性

2018年4月20日　初版発行
2020年12月25日　初版第2刷発行

編　者　稲葉剛・小川芳範・森川すいめい
装　幀　鈴木一誌＋下田麻亜也
編集者　浦松祥子
編集協力　村田悠輔
発行所　山吹書店
〒180-0005 東京都武蔵野市御殿山1-6-1 吉祥寺サンプラザ306
TEL 0422-26-6604 FAX 0422-26-6605 メール yamabuki@za.wakwak.com
http://yamabuki-syoten.net/
発売元　JRC
〒101-0051 東京都千代田区神田神保町1-34 風間ビル1F
TEL 03-5283-2230　FAX 03-3294-2177　http://www.jrc-book.com/
印刷・製本　モリモト印刷

ISBN978-4-86538-069-9



視覚障害などの理由でこの本をお読みになることができない方のために、私的な利用に限り、テキストデータをご提供します。電話またはメールで山吹書店にお問合せください。
その後に左下の引換券をお送りいただきます。

キリトリ線

テキストデータ
引換券

ハウジングファースト